KLASSIKER
DR. OETKER
VERLAG
SEIT 1891

MARMELADEN & EINGEMACHTES VON A–Z

DIE DR. OETKER GELING-GARANTIE

UNSER VERSPRECHEN

Liebe Leser*innen,

mit den Rezepten in unseren Koch- und Backbüchern möchten wir Sie und Ihre Lieben glücklich machen. Zum Glück braucht es den Erfolg, und den kaufen Sie mit jedem Dr. Oetker Buch gleich mit.

Dafür gibt es die *Dr. Oetker Geling-Garantie*.
Sie ist unser Versprechen, dass alle Rezepte aus diesem Buch ganz einfach und sicher gelingen.
Die Geling-Garantie startet schon bei der Zutatenliste: alle Zutaten, die wir verwenden, sollten Sie leicht in Ihrem Supermarkt vor Ort einkaufen können. Jeder Zubereitungs-Schritt ist klar und einfach nachvollziehbar.

Eine Garantie können wir Ihnen aber auch deshalb mit gutem Gewissen geben, weil alle Rezepte dieses Buches von unserem erfahrenen Team entwickelt wurden. Anschließend haben wir jedes Gericht in einer ganz normalen Küche nachgekocht oder nachgebacken. Immer wieder. So lange, bis wir uns sicher waren, dass es gelingt. Und zwar auch bei Ihnen zu Hause.

Was wir versprechen, halten wir auch. Sollte beim Kochen oder Backen eines unserer Rezepte dennoch etwas danebengehen oder Ihnen einfach nicht schmecken, dann lassen Sie es uns wissen. Schreiben Sie oder rufen Sie uns an! Wir werden das Rezept nochmals kritisch prüfen und Ihnen helfen herauszufinden, woran es gelegen haben könnte.
Sie erreichen uns unter der Telefonnummer +49(0)89/54825 15-0.
Oder schreiben Sie uns eine E-Mail unter: redaktion-oetker@edel.com

Natürlich freuen wir uns aber auch über weitere Rückmeldungen und auch über Lob.
Ihre Ideen, Kommentare und Fragen können Sie jederzeit auch über Facebook posten: www.facebook.com/Dr.OetkerVerlag.
Wir sind für Sie da. Garantiert.

Mit herzlichen Grüßen
Ihre Dr. Oetker Redaktion

ALLGEMEINE HINWEISE ZU DEN REZEPTEN

Lesen Sie vor der Zubereitung – besser noch vor dem Einkauf – das Rezept einfach einmal vollständig durch. Aus dem Zusammenhang werden die Zubereitungs-Schritte deutlicher und verständlicher.

PORTIONSANGABEN

Die Anzahl der Portionen finden Sie in jedem Rezept ausgewiesen.

ARBEITSSCHRITTE

Die Zutaten sind in der Reihenfolge ihrer Verarbeitung aufgeführt. Jeder Arbeitsschritt ist einzeln hervorgehoben und extra nummeriert. So haben wir die Rezepte für Sie auch entwickelt und ausprobiert.

ZUBEREITUNGSZEIT UND GARZEIT

Die angegebene Zubereitungszeit schließt die Dauer der Vorbereitung und die eigentliche Zubereitung mit ein. Sie ist ein Anhaltswert und kann je nach individuellem Geschick oder Übung natürlich ein wenig variieren. Längere Wartezeiten, wie zum Beispiel Kühl- oder Abkühlzeiten oder auch Auftauzeit, sind in der Regel nicht in der Zubereitungszeit enthalten. Einzige Ausnahme: In dieser Zeit sind parallel andere Arbeitsschritte zu tun. Die Garzeiten sind gesondert ausgewiesen. Bei einigen Rezepten setzt sich die Gesamt-Garzeit aus mehreren Teil-Garzeiten zusammen.

HINWEISE ZU DEN NÄHRWERTEN

Bei den Nährwertangaben in den Rezepten handelt es sich um auf- bzw. abgerundete ganze Werte. Aufgrund von ständigen Rohstoffschwankungen und/oder Rezepturveränderungen bei Lebensmitteln kann es zu Abweichungen kommen. Die Nährwertangaben dienen daher lediglich Ihrer Orientierung und eignen sich nur bedingt für die Berechnung eines Diätplans.

ABKÜRZUNGEN UND SYMBOLE

EL	Esslöffel
TL	Teelöffel
Msp.	Messerspitze
Pck.	Packung/Päckchen
g	Gramm
kg	Kilogramm
ml	Milliliter
l	Liter
evtl.	eventuell
geh.	gehäuft
gestr.	gestrichen
gem.	gemahlen
ger.	gerieben
TK	Tiefkühlprodukt
°C	Grad Celsius

Kalorien-/Nährwertangaben

E	Eiweiß
F	Fett
Kh	Kohlenhydrate
kcal	Kilokalorie

Symbole

◕ Zubereitungs-/Garzeit
✚ Vegetarisch/Laktosefrei/Vegan
▲ Mit Alkohol

KONFITÜREN, MARMELADEN UND GELEES

Haben Sie eine ganz bestimmte Lieblingskonfitüre, -marmelade oder ein -gelee? Dann können Sie diese nach traditioneller Art im Kochtopf auch schnell und einfach selbst zubereiten. Hierzu können Sie auf verschiedene Gelierzuckersorten zurückgreifen.
Im Vergleich zu den meisten Fertigkonfitüren, die häufig einen recht hohen Zuckergehalt haben, können Sie so bei Selbstgemachtem immer wieder neu bestimmen, wie süß oder fruchtig das Ergebnis sein soll. Erdbeeren sind beispielsweise schon von Natur aus süß. Bei Johannisbeeren hingegen darf es ruhig etwas mehr Zucker sein, um einen ausgewogenen Geschmack zu erzielen. Lecker fruchtige, weniger süße Konfitüren und Gelees erhalten Sie mit dem Extra Gelierzucker 2:1. Ein 500-g-Päckchen reicht genau für 1 kg vorbereitete Früchte oder 900 ml Saft. Und wer es besonders fruchtig mag, kann mit einem 500-g-Päckchen Super Gelierzucker 1 ½ kg Früchte oder 1 ¼ l Saft zu Konfitüre und Gelee verarbeiten.
Generell ist die Gelierfähigkeit von Konfitüren, Marmeladen und Gelees vom Pektingehalt der Früchte abhängig. Bitte halten Sie sich deshalb immer genau an das Rezept.
Beim Zubereiten von Konfitüren, Marmeladen und Gelees werden Obst(saft) und Gelierzucker vermischt und für einen auf der Packung angegebenen Zeitraum gekocht. Danach wird die heiße Fruchtmasse sofort in ausgespülte, heiße Gläser gefüllt und verschlossen. Beim Abkühlen bildet sich im Glas ein Unterdruck, sodass ein Vakuum entsteht. Konfitüren, Marmeladen und Gelees (ohne Kräuter und Gewürzzugabe) sind auf diese Weise etwa 1 Jahr haltbar.

SO WIRD ES GEMACHT:

Wenn Sie die Möglichkeit haben, z. B. Erdbeeren oder Himbeeren auf Feldern selbst zu ernten, sollten Sie dies nutzen: Denn das süße Aroma sonnengereifter Beeren ist unvergleichlich. Ernten Sie nur so viel (möglichst in den frühen

Morgenstunden), wie Sie am gleichen Tag verarbeiten können.
Kaufen und verarbeiten Sie beim Einkochen stets ausschließlich Lebensmittel von höchster Qualität. Früchte mit Schimmelstellen müssen aussortiert werden. Druckstellen großzügig ausschneiden.
Bei allen Obstsorten gilt: Die Früchte zunächst sorgfältig waschen oder verlesen. Früchte ggf. putzen (entstielen, entsteinen, entkernen) und große Früchte in Stücke schneiden.
Tiefgefrorene Früchte eignen sich ebenfalls hervorragend zur Herstellung von Konfitüren, Marmeladen und Gelees. Diese gefroren abwiegen und erst danach auftauen lassen. Je nach Frucht das Obst grob pürieren und den entstehenden Saft bei der Zubereitung mit verwenden.
Vor dem Einfüllen die Twist-Off-Gläser® auf schadhafte Stellen überprüfen. Angeschlagene Gläser aussortieren, da sie nicht mehr luftdicht schließen. Die Deckel dürfen keine Roststellen aufweisen und nicht verzogen oder verbeult sein. Gläser und Deckel vor dem Befüllen mit sehr heißem Wasser ausspülen und umgedreht auf einem sauberen Geschirrtuch abtropfen lassen.
Wenn Sie selbst hergestellten Saft ohne Zucker nutzen möchten, gibt es verschiedene Möglichkeiten zur Saftgewinnung:

- Die Früchte im Dampfentsafter nach zeitlichen Angaben des Geräteherstellers entsaften.
- Kleinere Fruchtmengen ohne Zucker mithilfe eines Schnellkochtopfes (im Siebeinsatz) nach Angaben des Geräteherstellers entsaften.
- Die Früchte mithilfe eines Siebes entsaften. Hierzu die Früchte klein schneiden, mit etwas

Wasser in einem Kochtopf weich kochen. Ein feines Sieb mit einem feuchten Tuch, z. B. Geschirrtuch (Mulltuch), auslegen. Den Fruchtbrei auf das Tuch geben, den herabtropfenden Saft auffangen. Der Saft lässt sich auch gut in Portionen einfrieren.

- Zitrusfrüchte (z. B. Orangen, Zitronen, Grapefruit) können Sie einfach auspressen.

Die Tabelle zeigt Ihnen, wie viel Früchte (gewaschen, geputzt, entsteint, entstielt und grob zerkleinert) Sie etwa benötigen, um 1 l Fruchtsaft zu gewinnen.*

Äpfel	1800 g
Birnen	2700 g
Brombeeren	1500 g
Erdbeeren	1300 g
Himbeeren	1800 g
Holunderbeeren:	1800 g
Johannisbeeren, rot	1500 g
Johannisbeeren, schwarz	1700 g
Pfirsiche	1700 g
Quitten	2300 g
Rhabarber	1500 g
Sauerkirschen	1600 g
Stachelbeeren	1600 g
Weintrauben	1700 g

** Diese Angaben unterliegen natürlichen Schwankungen, bedingt durch die jeweilige Art der Gewinnungsmethode und die Erntequalität.*

Achtung: Fruchtsaft, der mithilfe einer elektrischen Zentrifuge gewonnen wurde, ist für die Geleezubereitung nicht geeignet. Die Gelees sind nicht klar und können unangenehm grießig in der Konsistenz werden.

Die fertig gekochte Konfitüre, Marmelade oder das Gelee kochend heiß und randvoll in die ausgespülten Twist-off-Gläser® füllen. Sofort mit den Deckeln verschließen und etwa 5 Minuten umgedreht auf die Arbeitsfläche stellen. Dann wieder umdrehen und abkühlen lassen. Durch das Umdrehen der Gläser verstärkt man den Effekt des Vakuums.

Wichtig beim Marmelade-Kochen: Den Topf groß genug wählen. Damit das Einkochgut sprudelnd kochen kann, sollte der Kochtopf nur bis etwa zur Hälfte gefüllt sein. Gelierzucker grundsätzlich mit dem kalten Obstbrei oder Saft verrühren, erst dann zum Kochen bringen. Generell alles sprudelnd kochen lassen – die angegebene Kochzeit (siehe Packungsanleitung) gilt erst ab dem sprudelnden Kochen.

Bei Rezepten mit einer geringen Alkohol-Zugabe (3–4 Esslöffel) den Alkohol immer erst nach Ende der Kochzeit unterrühren.

Wer ganz auf Nummer sicher gehen will, kann eine Gelierprobe durchführen: Nach der angegebenen Kochzeit etwas von der heißen Masse auf einen Teller tropfen lassen. Erstarren die Tropfen schnell und bildet sich kein Wasserrand, ist genug gekocht worden. Ansonsten die Einkochmasse etwas länger kochen lassen.

Oder 1 Päckchen Zitronensäure unter die kochende Fruchtmasse rühren.

EINMACHPRODUKTE

· Gelierzucker
Gelierzucker enthält das pflanzliche Geliermittel Pektin, das aus Äpfeln und Zitrusfrüchten gewonnen wird. Da Geliermittel und Zucker bereits gemischt sind, ist die Zubereitung besonders schnell und einfach – ideal für Einsteiger.

· Extra Gelierzucker 2:1
Mit Dr. Oetker Extra Gelierzucker 2:1 können Sie extra fruchtige und weniger süße Konfitüren, Marmeladen und Gelees zubereiten. Für 1 Packung Extra Gelierzucker (500 g) benötigen Sie 1 kg Früchte bzw. 900 ml Fruchtsaft. Für die Zubereitung eines Gelees ist es auch möglich, jeden im Handel erhältlichen Saft oder Nektar zu verwenden (mit Ausnahme von Traubensaft).

· Super Gelierzucker 3:1
Dem Trend zur Zuckerreduzierung entspricht auch Dr. Oetker Super Gelierzucker 3:1. Hiermit können Sie noch weniger süße, dafür super fruchtige Konfitüren, Marmeladen und Gelees zubereiten.
Für 1 Packung Super Gelierzucker (500 g) benötigen Sie 1 ½ kg Früchte bzw. 1 ¼ l Fruchtsaft. Für die Zubereitung eines Gelees ist es auch möglich, jeden im Handel erhältlichen Saft oder Nektar zu verwenden (mit Ausnahme von Traubensaft).

· Gelier-Fruchtzucker 3:1
Mit diesem Gelierzucker zubereitete Konfitüren, Marmeladen und Gelees enthalten 40 % weniger Kalorien, da ein Teil des Zuckers durch Süßstoffe ersetzt wurde.

· Gelierzucker für Beerenkonfitüre/ Erdbeerkonfitüre
Diese Gelierzucker nach dem Muster 2:1 sind in ihrer Mischung aus Zucker, Pektinen und Zitronensäure speziell auf Himbeeren, Brombeeren und Johannisbeeren bzw. auf Erdbeeren abgestimmt.

· Gelierzucker mit Süßungsmittel Stevia
Auf 1 kg Früchte kommen nur 350 g von diesem Gelierzucker, bei dem ein Teil des Zuckers reduziert und durch das Süßungsmittel Steviolglycoside aus Stevia ersetzt wurde. Sie können so im Vergleich zu 1:1 Konfitüren um 40 % kalorienreduzierte fruchtig-süße Konfitüren, Marmeladen und Gelees selber machen.

· Gelfix
Dr. Oetker Gelfix enthält das pflanzliche Geliermittel Pektin, das aus Äpfeln und Zitrusfrüchten gewonnen wird.

· Gelfix Klassisch 1:1
Mit Dr. Oetker Gelfix Klassisch 1:1 können Sie Ihre klassisch-süßen Lieblingskonfitüren, -marmeladen und -gelees herstellen. Sie benötigen hier etwa das gleiche Verhältnis von Frucht und Zucker, d.h. ein Beutel Gelfix Classic ist ausreichend für 1 kg vorbereitete Früchte und 1150 g Zucker. Für Gelees benötigen Sie 850 ml Fruchtsaft und 1 kg Zucker.

· Gelfix Extra 2:1
Mit Dr. Oetker Gelfix Extra 2:1 lassen sich besonders fruchtige und weniger süße Konfitüren, Marmeladen und Gelees zubereiten. Hier ist bei Ihren Einmach-Schätzen der Frucht- bzw. Saftanteil etwa doppelt so hoch wie die benötigte Zuckermenge. Sie brauchen pro Beutel Gelfix Extra 1 kg vorbereitete Früchte und 500 g Zucker bzw. für Gelees 750 ml Fruchtsaft und 400 g Zucker. Für die Zubereitung eines Gelees ist es auch möglich, jeden im Handel erhältlichen Saft oder Nektar zu verwenden (mit Ausnahme von Traubensaft).
Bei Gelfix Classic und Extra haben Sie nicht nur bei den Früchten die freie Wahl, sondern auch bei der Zuckersorte: Sie können ganz nach Belieben auch Rohr- oder braunen Zucker verwenden und Ihrer Konfitüre damit eine leichte Karamell-Note geben.

· Gelfix Super 3:1
Mit Dr. Oetker Gelfix Super 3:1 wird Fruchtgenuss weniger süß, denn für 1 kg vorbereitete Früchte bzw. 900 ml Saft sind nur 350 g Süßungsmittel erforderlich. Für die Zubereitung eines Gelees ist es auch möglich, jeden im Handel erhältlichen Saft oder Nektar zu verwenden (mit Ausnahme von Traubensaft).
Bei den Süßungsmitteln können Sie zwischen Zucker, Fruchtzucker und Sorbit wählen. Außerdem ist eine Zubereitung ausschließlich mit flüssigem Süßstoff möglich: Pro Beutel Gelfix Super werden dann für 1 kg vorbereitete Früchte 25 ml Flüssigsüße benötigt.

· Zitronensäure
Ein Beutel Zitronensäure vor dem Kochen unter die Fruchtmasse gerührt, unterstützt den Geliervorgang und rundet den natürlich-fruchtigen Geschmack der Konfitüren, Marmeladen und Gelees ab.

TIPPS & TRICKS

Für eine schöne Optik und einen guten Geschmack können Sie einem Gelee z. B. Fruchtstücke, Nüsse, Kräuter oder Zesten (Schalenstreifen) von Zitrusfrüchten zufügen. Drehen Sie die Gläser während des Erkaltens öfter, damit sich die Zutaten gleichmäßig im Gelee verteilen.
Für die Zubereitung von Weingelee sollten Sie nur Gelfix Classic verwenden, da das Gelee bei der Zubereitung mit anderen Gelierprodukten nicht fest wird.
Fruchtsaft hat einen Fruchtanteil von 100 %. Fruchtsaft (auch Muttersaft oder Direktsaft) darf sich nur ein reiner, unverdünnter Saft aus frischen Früchten nennen. Fruchtnektar ist ein Gemisch aus Fruchtsaft bzw. Fruchtmark, Trinkwasser und Zucker. Der Mindestfruchtanteil liegt je nach Fruchtart zwischen 25 % und 50 %. Fruchtnektar darf bis zu 20 % Zucker zugesetzt werden. Für die Zubereitung von Gelees können Sie jeden im Handel erhältlichen Fruchtsaft oder Nektar verwenden. Sie können jedoch ein Gelee nicht ausschließlich aus Nektar herstellen. Verwenden Sie immer eine Kombination aus Fruchtsaft und Nektar. Hierbei sollte der verwendete Anteil Nektar ein Drittel der gesamten Saftmenge nicht übersteigen, da sonst das Gelee nicht fest werden könnte.

LAGERUNG VON KONFITÜREN, MARMELADEN UND GELEES

Bewahren Sie die eingemachten Früchte und Gemüse an einem kühlen und dunklen Ort auf. So sind sie u. a. vor Farbveränderungen geschützt und die Gelierung kann sich vollständig entfalten. Bewahren Sie angebrochene Gläser am besten im Kühlschrank auf, da beim Entnehmen aus dem Glas die feste Struktur von Konfitüre, Marmelade oder Gelee beschädigt wird, sodass Fruchtsaft austreten kann.
Bitte beachten Sie auch, dass sich die Haltbarkeit des Einmachguts durch fetthaltige Zutaten wie Nusskerne oder Kokosraspel, aber auch durch Gewürze und Kräuter verkürzt.

ANANAS UND BIRNEN, EINGEMACHT

Zubereitungszeit: 30 Minuten
Haltbarkeit: kühl, dunkel und trocken gestellt etwa 1 Jahr

ZUTATEN FÜR 2 GLÄSER JE ETWA 500 ML

1 Ananas (etwa 700 g)
1 kg nicht ganz reife Birnen
4 Sternanis
½–1 EL bunte Pfefferkörner
220 ml Wasser
500g Extra Gelierzucker 2:1

INSGESAMT:

E: 7 g, F: 3 g, Kh: 651 g, kcal: 2670

1. Von der Ananas Blatt- und Strunkende entfernen. Dann die schuppige Schale möglichst dick abschneiden, damit die „Augen" mitentfernt werden. Die Ananas zuerst in Scheiben schneiden, dann mit einem Ausstechförmchen die holzige Mitte ausstechen. Ananasscheiben in sehr kleine Würfel (erbsengroß) schneiden und 500 g abwiegen. Den Saft dabei auffangen.

2. Birnen schälen, vierteln, entkernen und in dünne Scheiben schneiden.

3. Ananaswürfel, -saft, Sternanis, Pfefferkörner und 220 ml Wasser in einem Topf zum Kochen bringen. Alles zugedeckt etwa 20 Minuten bei schwacher Hitze unter gelegentlichem Rühren köcheln lassen, bis die Ananaswürfel weich sind.

4. Birnenscheiben hinzugeben, zugedeckt weitere etwa 10 Minuten unter gelegentlichem Rühren köcheln lassen, bis sie weich sind.

5. Gelierzucker unterrühren. Die Fruchtmasse zum Kochen bringen und unter ständigem Rühren mindestens 3 Minuten bei mittlerer Hitze kochen lassen.

6. Die Fruchtmasse sofort in vorbereitete Gläser füllen und mit Twist-off-Deckeln® verschließen.

ANANAS-APFEL-KONFITÜRE MIT SAUERKRAUTSAFT

Zubereitungszeit: 35 Minuten
Haltbarkeit: kühl und dunkel gestellt 3–4 Monate

ZUTATEN FÜR 5 GLÄSER JE ETWA 200 ML

500 g frische Ananasscheiben (aus dem Kühlregal, vorbereitet gewogen)
300 g Äpfel, z. B. Jonagold (2–3 Äpfel, vorbereitet gewogen)
200 ml Sauerkrautsaft, naturtrüb
500 g Zucker
1 Beutel Gelfix Extra 2:1 (25 g)
1 Pck. Zitronensäure (5 g)

INSGESAMT:

E: 4 g, F: 2 g, Kh: 617 g, kcal: 2555

1. Ananasscheiben in kleine Stücke schneiden, den Saft dabei auffangen und insgesamt 500 g abwiegen. Äpfel schälen, vierteln, entkernen, in kleine Stücke schneiden und 300 g abwiegen.

2. Ananas- und Apfelstücke mit dem Sauerkrautsaft in einen großen Kochtopf geben.

3. Abgewogene Zuckermenge mit Gelfix Extra und Zitronensäure mischen, zu der Fruchtmasse in den Topf geben und gut unterrühren.

4. Die Zutaten unter Rühren bei starker Hitze zum Kochen bringen und unter ständigem Rühren mindestens 3 Minuten sprudelnd kochen lassen. Topf von der Kochstelle nehmen.

5. Das Kochgut evtl. abschäumen und sofort randvoll in vorbereitete Gläser füllen.

6. Gläser mit Twist-off-Deckeln® verschließen, umdrehen, etwa 5 Minuten auf den Deckeln stehen lassen.

TIPP:

Die Konfitüre statt süßem Senf zum Weißwurst-Essen reichen.

ANANAS-LIMETTEN-KONFITÜRE

Zubereitungszeit: 30 Minuten
Garzeit: etwa 20 Minuten
Haltbarkeit: kühl und dunkel gestellt etwa 1 Jahr

ZUTATEN FÜR 5 GLÄSER JE ETWA 200 ML

2–3 Bio-Limetten (unbehandelt, ungewachst)
400 ml Wasser
1 Ananas (oder 500 g Ananas-Fruchtfleisch)
350 g Diät Gelier-Fruchtzucker 3:1

INSGESAMT:

E: 3 g, F: 4 g, Kh: 408 g, kcal: 1730

1. Die Limetten heiß abwaschen, abtrocknen, vierteln, in feine Scheiben schneiden und in einen Topf geben.

2. Die Limettenscheiben mit Wasser bedeckt zum Kochen bringen. Limettenscheiben ohne Deckel etwa 20 Minuten bei schwacher Hitze einkochen lassen.

3. Limettenscheiben in ein Sieb geben und abtropfen lassen, dabei die Limettenflüssigkeit auffangen.

4. Von der Ananas Blatt- und Strunkende abschneiden. Ananas vierteln und den mittleren, harten Strunk längs herausschneiden. Die Ananas schälen und das Fruchtfleisch klein schneiden. Ananasschalen etwas auspressen oder ausdrücken, dabei den Saft auffangen. Ananasstücke, -saft und Limettenscheiben vermischen.

5. Dann die aufgefangene Limettenflüssigkeit zu der Ananas-Limetten-Fruchtmasse geben und zusammen etwa 1 kg abwiegen. Evtl. mit Wasser auffüllen.

6. Die Fruchtmasse mit Diät Gelier-Fruchtzucker in einem großen Kochtopf gut verrühren. Alles unter Rühren bei starker Hitze zum Kochen bringen und unter ständigem Rühren mindestens 3 Minuten sprudelnd kochen lassen. Den Topf von der Kochstelle nehmen.

7. Das Kochgut evtl. abschäumen und sofort randvoll in vorbereitete Gläser füllen. Die Gläser mit Twist-off-Deckeln® verschließen, umdrehen und etwa 5 Minuten auf den Deckeln stehen lassen.

TIPPS:

Frische Ananas gibt es oft geschält im Supermarkt (Kühlregal) zu kaufen.
1 mittelgroße Ananas bringt etwa 500 g Fruchtfleisch auf die Waage.

APFEL-FEIGEN-CHUTNEY

Zubereitungszeit: 30 Minuten
Haltbarkeit: kühl, dunkel und trocken gestellt etwa 6 Monate

ZUTATEN FÜR 5 GLÄSER JE ETWA 200 ML

1 kg Äpfel
50 g Ingwer
250 g Zucker
50 g abgezogene, gem. Mandeln
1 TL Senfpulver
1 gestr. TL Salz
125 ml Weißweinessig
2–3 frische, reife, blaue Feigen
1 Pck. Einmach-Hilfe

INSGESAMT:

E: 17 g, F: 32 g, Kh: 378 g, kcal: 1919

1. Äpfel schälen, vierteln, entkernen und in Würfel schneiden. Ingwer schälen, abspülen, trocken tupfen und in Stücke schneiden.

2. Apfelwürfel mit Ingwerstücken, Zucker, Mandeln, Senfpulver, Salz und Essig in einen Topf geben und etwa 30 Minuten dünsten.

3. Feigen waschen, enthäuten, in kleine Stücke schneiden, zu den Apfelwürfeln geben und etwa 15 Minuten mitdünsten lassen.

4. Das Chutney mit Salz, Zucker und Senfpulver abschmecken. Einmach-Hilfe unterrühren. Das Chutney sofort randvoll in vorbereitete Gläser füllen. Die Gläser sofort mit Twist-off-Deckeln® verschließen, umdrehen und etwa 5 Minuten auf den Deckeln stehen lassen.

TIPP:

Chutneys sind besonders pikante Saucen, die zu gebratenem, gekochtem und kaltem Fleisch, zu Fondues und zu exotischen Gerichten gereicht werden.

APFELGELEE, DUFTEND

Zubereitungszeit: 45 Minuten,
ohne Entsaftungs- und Abkühlzeit
Haltbarkeit: kühl und dunkel gestellt
3–4 Monate

ZUTATEN FÜR 4 GLÄSER JE ETWA 200 ML

900 ml klarer Apfelsaft (von etwa 1,6 kg Äpfeln)
2–3 EL Thymian (frisch gehackt oder gerebelt)
500 g Extra Gelierzucker 2:1

INSGESAMT:

E: 3 g, F: 3 g, Kh: 585 g, kcal: 2406

1. Äpfel waschen, abtropfen lassen, vierteln und mithilfe eines Schnellkochtopfes oder Dampfentsafters Saft gewinnen (bitte Gebrauchsanleitung des Geräteherstellers beachten). Saft eventuell filtern, abkühlen lassen, 900 ml Saft abmessen.

2. 250 ml von dem Apfelsaft in einem Topf aufkochen lassen. Topf von der Kochstelle nehmen. Thymian hinzugeben und etwa 10 Minuten ziehen lassen. Anschließend den Saft durch ein feines Sieb gießen und mit dem restlichen Apfelsaft auf 900 ml auffüllen.

3. Den Apfelsaft mit dem Extra Gelierzucker in einem großen Kochtopf gut verrühren. Alles unter Rühren bei starker Hitze zum Kochen bringen und dann unter ständigem Rühren mindestens 3 Minuten sprudelnd kochen lassen. Topf von der Kochstelle nehmen.

4. Kochgut eventuell abschäumen und sofort randvoll in vorbereitete Gläser füllen. Die Gläser mit Twist-off-Deckeln® verschließen, umdrehen und etwa 5 Minuten auf den Deckeln stehen lassen.

TIPPS:

Einfacher geht es, wenn Sie 900 ml gekauften Apfelsaft verwenden.
Statt Thymian schmeckt auch Zitronenthymian. Er hat einen leicht zitronenartigen Geschmack.

APFELGELEE MIT ROSMARIN

Zubereitungszeit: 45 Minuten, ohne Entsaftungs- und Abkühlzeit
Haltbarkeit: kühl und dunkel gestellt 3–4 Monate

ZUTATEN FÜR 4 GLÄSER JE ETWA 200 ML

900 ml klarer Apfelsaft (von etwa 1,6 kg Äpfeln)
2–3 EL frische klein gehackte Rosmarinnadeln
500 g Extra Gelierzucker 2:1

INSGESAMT:

E: 1 g, F: 0 g, Kh: 593 g, kcal: 2416

1. Äpfel abspülen, abtropfen lassen, vierteln und mithilfe eines Schnellkochtopfes oder Dampfentsafters entsaften (bitte Gebrauchsanleitung des Geräteherstellers beachten). Anschließend den Saft evtl. filtern, abkühlen lassen und 900 ml Saft abmessen.

2. Den Apfelsaft mit Rosmarin und Extra Gelierzucker in einem großen Kochtopf gut verrühren.

3. Alles unter Rühren bei starker Hitze zum Kochen bringen und unter ständigem Rühren mindestens 3 Minuten sprudelnd kochen lassen. Den Topf von der Kochstelle nehmen.

4. Das Kochgut evtl. abschäumen und sofort randvoll in vorbereitete Gläser füllen. Die Gläser mit Twist-off-Deckeln® verschließen, umdrehen und etwa 5 Minuten auf den Deckeln stehen lassen.

TIPP:

Einfacher und schneller geht es, wenn Sie 900 ml gekauften Apfelsaft verwenden.

APFELKOMPOTT MIT CIDRE

Zubereitungszeit: 20 Minuten
Haltbarkeit: kühl und dunkel gestellt 6–9 Monate
▲ Mit Alkohol

ZUTATEN FÜR 2 GLÄSER JE ETWA 400 ML

700 ml trockener Cidre
etwa 1 kg süßsaure Äpfel, z. B. Cox Orange
1 Bio-Zitrone (unbehandelt, ungewachst)
etwa 75 g Zucker
½ TL gem. Zimt
1 Msp. ger. Muskatnuss

INSGESAMT:

E: 3 g, F: 3 g, Kh: 224 g, kcal: 1224

1. Cidre in einem Topf zum Kochen bringen und um die Hälfte einkochen lassen.

2. Äpfel schälen, vierteln, entkernen und in Stücke schneiden. Zitrone heiß abwaschen, abtrocknen und die Schale abreiben. Zitrone halbieren und den Saft auspressen.

3. Apfelstücke, Zitronensaft und -schale hinzugeben, zum Kochen bringen und zugedeckt etwa 15 Minuten bei schwacher Hitze garen, dabei ab und zu umrühren.

4. Die Hälfte der Apfelstücke durch eine Flotte Lotte (Passiermühle) passieren oder mit einer Gabel zerdrücken und wieder in den Topf geben.

5. Mit Zucker abschmecken. Zimt und Muskat unterrühren. Apfelkompott nochmals aufkochen lassen.

6. Apfelkompott sofort in vorbereitete Gläser füllen, mit Twist-off-Deckeln® verschließen, umdrehen und etwa 5 Minuten auf den Deckeln stehen lassen.

TIPP:

Apfelkompott zu Reibekuchen servieren.

APFELKRAUT

Zubereitungszeit: 50 Minuten, ohne Entsaftungszeit
Haltbarkeit: kühl und dunkel gestellt etwa 1 Jahr

ZUTATEN FÜR 8–9 GLÄSER JE ETWA 200 ML

etwa 12 ½ kg süß-säuerliche Äpfel

INSGESAMT:

E: 24 g, F: 40 g, Kh: 1000 g, kcal: 4800

1. Äpfel schälen, vierteln, entkernen und in kleine Stücke schneiden. Anschließend 10 kg Apfelstücke abwiegen.

2. Die Apfelstücke in 2 Portionen (ohne Zucker) in den Dampfentsafter geben und etwa 1 Stunde (abhängig von der Apfelsorte) entsaften. Etwa 15 Minuten vor Ende der Entsaftungszeit 1 Flasche Saft (etwa 500 ml) abfüllen und nochmals über das Obst gießen, damit der gesamte Saft dieselbe Konsistenz hat.

3. Den Saft in einen breiten Kochtopf geben, zum Kochen bringen und zu einem dicken, braunen Sirup einkochen lassen. Wenn die Menge etwa um die Hälfte reduziert ist, fängt der Saft an dicklich zu werden. Ab dann ständig rühren, damit nichts anbrennt. So lange weiterkochen, bis ein zäher Sirup entstanden ist (30–45 Minuten).

4. Apfelkraut sofort kochendheiß in vorbereitete Gläser füllen. Gläser mit Twist-off-Deckeln® verschließen, umdrehen und etwa 5 Minuten auf den Deckeln stehen lassen.

TIPPS:

Süß-säuerliche Äpfel eignen sich für Apfelkraut besser als mürbe Apfelsorten.
Apfelkraut wird besonders gerne im Rheinland als Brotaufstrich verwendet oder auf Reibekuchen (Kartoffelpuffern) gegessen.

APFEL-LIMETTEN-GELEE

Zubereitungszeit: 60 Minuten
Haltbarkeit: kühl und dunkel gestellt etwa 1 Jahr

ZUTATEN FÜR 6 GLÄSER JE ETWA 200 ML

200 g Limettenfilets und -saft (von etwa 6 Limetten, davon 1 Bio-Limette, unbehandelt, ungewachst)
650 ml klarer Apfelsaft (Handelsware)
1 Beutel Gelfix Classic 1:1 (20 g)
1 kg Zucker

INSGESAMT:

E: 1 g, F: 5 g, Kh: 1074 g, kcal: 4462

1. Die Bio-Limette heiß abwaschen, trocken reiben und die Schale dünn abschälen. Limettenschale in sehr feine Streifen schneiden oder die Limette mit einem Zestenreißer schälen.

2. Limetten so schälen, dass die weiße Haut vollständig entfernt wird. Fruchtfilets herausschneiden, dabei den Saft auffangen und insgesamt 200 g Filets und Saft abwiegen.

3. Limettenfilets und Säfte in einen großen Kochtopf geben. Gelfix Classic zuerst mit 2 Esslöffeln von der abgewogenen Zuckermenge mischen, dann mit der Fruchtmasse verrühren. Die Zutaten bei starker Hitze unter Rühren zum Kochen bringen. Sobald alles bei ständigem Rühren sprudelnd kocht, restlichen Zucker hinzufügen. Alles unter Rühren wieder zum Kochen bringen und mindestens 2 Minuten unter ständigem Rühren sprudelnd kochen lassen. Limettenschale hinzufügen und noch 1 Minute unter ständigem Rühren sprudelnd mitkochen lassen. Topf von der Kochstelle nehmen.

4. Kochgut eventuell abschäumen und sofort randvoll in vorbereitete Gläser füllen. Die Gläser mit Twist-off-Deckeln® verschließen, umdrehen und etwa 5 Minuten auf dem Deckel stehen lassen. Gläser während des Erkaltens gelegentlich umdrehen, damit sich die Limettenschale besser verteilt.

APFEL-MÖHREN-CHUTNEY MIT CURRY

Zubereitungszeit: 30 Minuten
Garzeit: 30–40 Minuten
Durchziehzeit: etwa 2 Monate
Haltbarkeit: kühl und dunkel gestellt etwa 6 Monate

ZUTATEN FÜR 3–4 GLÄSER JE ETWA 200 ML

4 süßsaure Äpfel (etwa 600 g)
250 g Möhren
1 Zwiebel
100 g Rosinen
120 g frisch ger. Meerrettich
1 EL Currypulver indisch
1 TL gem. Ingwer
1 TL Senfmehl
300 ml Apfelessig
225 g Muscovadozucker
2 gestr. TL Meersalz

INSGESAMT:

E: 13 g, F: 5 g, Kh: 367 g, kcal: 1647

1. Äpfel schälen, vierteln, entkernen und in kleine Stücke schneiden. Möhren putzen, schälen, waschen, abtropfen lassen und der Länge nach in dünne Scheiben oder Streifen schneiden. Zwiebel abziehen, halbieren und in schmale Spalten (Halbmonde) schneiden.

2. Vorbereitete Zutaten in einen Topf geben. Restliche Zutaten hinzugeben, gut vermischen, unter ständigem Rühren bei schwacher Hitze aufkochen und 30–40 Minuten bei schwacher Hitze unter gelegentlichem Rühren köcheln lassen, bis alle Zutaten weich sind und eine marmeladenartige Konsistenz entstanden ist.

3. Chutney sofort randvoll in vorbereitete Gläser füllen, mit Twist-off-Deckeln® verschließen, umdrehen und etwa 5 Minuten auf den Deckeln stehen lassen. Chutney kühl, dunkel und trocken gestellt vor dem Verzehr etwa 2 Monate durchziehen lassen.

TIPP:

Apfel-Möhren-Chutney passt zu Hähnchen- oder Puten-Spießchen.

APFEL-PFLAUMEN-FRUCHTAUFSTRICH

Zubereitungszeit: 25 Minuten
Haltbarkeit: kühl und dunkel gestellt etwa 1 Jahr

ZUTATEN FÜR 4–5 GLÄSER JE ETWA 200 ML

350 g rote Pflaumen (vorbereitet gewogen)
650 ml Apfelsaft (Handelsware)
1 Pck. Zitronensäure (5 g)
350 g Diät Gelier-Fruchtzucker 3:1

INSGESAMT:

E: 2 g, F: 1 g, Kh: 446 g, kcal: 1856

1. Pflaumen waschen, abtropfen lassen, halbieren und entsteinen. Pflaumenhälften in kleine Stücke schneiden und 350 g abwiegen.

2. Pflaumenstücke, Apfelsaft und Zitronensäure mit Diät Gelier-Fruchtzucker in einem großen Kochtopf gut verrühren. Alles unter Rühren bei starker Hitze zum Kochen bringen und unter ständigem Rühren mindestens 3 Minuten sprudelnd kochen lassen. Topf von der Kochstelle nehmen.

3. Kochgut eventuell abschäumen und sofort randvoll in vorbereitete Gläser füllen. Gläser mit Twist-off-Deckeln® verschließen, umdrehen und etwa 5 Minuten auf den Deckeln stehen lassen.

4. Gläser während des Erkaltens gelegentlich umdrehen, damit sich die Pflaumenstückchen besser verteilen.

TIPP:

Sie können statt Diät Gelier-Fruchtzucker auch Super Gelierzucker 3:1 verwenden, das Rezept dann mit 500 g Pflaumen zubereiten.

REZEPTVARIANTE:

Beschwipster Apfel-Pflaumen-Fruchtaufstrich. Zum Verfeinern können Sie 100 ml Apfelsaft durch 100 ml Calvados ersetzen. Calvados erst nach dem Kochen unterrühren.

APRIKOSEN-ERDBEER-KONFITÜRE MIT MANDEL-KROKANT

Zubereitungszeit: 35 Minuten
Haltbarkeit: kühl und dunkel gestellt 3–4 Monate
▲ Mit Alkohol

ZUTATEN FÜR 5 GLÄSER JE ETWA 200 ML

30 g gehobelte Mandeln
etwa 1 EL Puderzucker
750 g Erdbeeren (vorbereitet gewogen)
250 g Aprikosen (vorbereitet gewogen)
500 g Zucker
1 Beutel Gelfix Extra 2:1 (25 g)
50 ml Amaretto (Mandellikör)

INSGESAMT:

E: 14 g, F: 20 g, Kh: 582 g, kcal: 2616

1. Mandeln mit Puderzucker in einer Pfanne ohne Fett goldgelb rösten und herausnehmen. Erdbeeren putzen, waschen, abtropfen lassen, entstielen, in kleine Stücke schneiden und 750 g abwiegen. Die Aprikosen waschen, abtropfen lassen, halbieren, entsteinen, klein schneiden und 250 g abwiegen.

2. Mandeln, Erdbeer- und Aprikosenstücke in einen großen Kochtopf geben. Zucker mit Gelfix Extra mischen, dann mit der Fruchtmasse verrühren. Alles unter Rühren bei starker Hitze zum Kochen bringen und unter ständigem Rühren mindestens 3 Minuten sprudelnd kochen lassen. Topf von der Kochstelle nehmen. Amaretto unterrühren.

3. Kochgut eventuell abschäumen und sofort randvoll in vorbereitete Gläser füllen. Gläser mit Twist-off-Deckeln® verschließen, umdrehen und etwa 5 Minuten auf den Deckeln stehen lassen. Gläser während des Erkaltens gelegentlich umdrehen, damit sich die Mandeln gut verteilen.

TIPP:

Sie können den Amaretto auch ersatzlos weglassen.

APRIKOSENKONFITÜRE MIT ZIMT UND KORINTHEN

Zubereitungszeit: 40 Minuten
Haltbarkeit: kühl und dunkel gestellt 3–4 Monate

ZUTATEN FÜR 6 GLÄSER JE ETWA 200 ML

900 g Aprikosen (vorbereitet gewogen)
70 g Korinthen
1 Pck. Zitronensäure (5 g)
2 Zimtstangen
350 g Zucker
1 Beutel Gelfix Super 3:1 (25 g)

INSGESAMT:

E: 10 g, F: 1 g, Kh: 486 g, kcal: 2071

1. Aprikosen abspülen und die Haut an der Unterseite kreuzweise einschneiden. Aprikosen kurz in kochendes Wasser legen, herausnehmen, mit kaltem Wasser abschrecken und die Haut abziehen. Aprikosen halbieren und entsteinen. 900 g Fruchtfleisch abwiegen und in etwa 1 cm große Würfel schneiden. Mit Korinthen, Zitronensäure und Zimtstangen in einem großen Topf mischen.

2. Zucker mit Gelfix Super verrühren und unter die Fruchtmasse rühren. Alles unter Rühren bei starker Hitze zum Kochen bringen und unter ständigem Rühren mindestens 3 Minuten sprudelnd kochen lassen. Topf von der Kochstelle nehmen.

3. Kochgut eventuell abschäumen und die Zimtstangen entfernen. Konfitüre sofort randvoll in vorbereitete Gläser füllen. Gläser mit Twist-off-Deckeln® verschließen, umdrehen und etwa 5 Minuten auf den Deckeln stehen lassen.

TIPPS:

Die Konfitüre schmeckt gut zu Joghurt und Müsli. Oder mit etwas Schmand oder Crème double verrührt auf Zwieback, süßen Brötchen oder Hefemuffins.

APRIKOSENKONFITÜRE, SCHARF

Zubereitungszeit: 35 Minuten
Haltbarkeit: kühl und dunkel gestellt 3–4 Monate
▲ Mit Alkohol

ZUTATEN FÜR 5–6 GLÄSER JE ETWA 200 ML

650 g Aprikosen (von etwa 800 g Aprikosen, vorbereitet gewogen)
30 g rote Peperoni (von etwa 3 Stück, vorbereitet gewogen)
350 ml Cidre oder Apfelsaft (Handelsware)
1 Pck. Zitronensäure (5 g)
500 g Zucker
1 Beutel Gelfix Extra 2:1 (25 g)

INSGESAMT:

E: 7 g, F: 1 g, Kh: 596 g, kcal: 2542

1. Die Aprikosen abspülen, abtropfen lassen, halbieren, entsteinen, in kleine Stücke schneiden und 650 g abwiegen. Dann Peperoni halbieren, entstielen, entkernen und die weißen Scheidewände entfernen. Peperoni abspülen, abtropfen lassen, in sehr kleine Würfel schneiden und 30 g abwiegen.

2. Aprikosenstücke, Peperoniwürfel, Cidre oder Apfelsaft und Zitronensäure in einen großen Kochtopf geben. Zucker mit Gelfix Extra mischen, dann mit der Fruchtmasse verrühren.

3. Die Zutaten unter Rühren bei starker Hitze zum Kochen bringen und unter ständigem Rühren mindestens 3 Minuten sprudelnd kochen lassen. Den Topf von der Kochstelle nehmen.

4. Das Kochgut evtl. abschäumen und sofort randvoll in vorbereitete Gläser füllen. Die Gläser mit Twist-off-Deckeln® verschließen, umdrehen und etwa 5 Minuten auf den Deckeln stehen lassen.

TIPPS:

Die Schärfe der Peperoni lässt im Laufe der Lagerzeit etwas nach.
Die scharfe Aprikosenkonfitüre ist eine schmackhafte Beigabe zu Fleischfondue aus hellen Fleischsorten oder Fisch.
Sie eignet sich gut zum Abschmecken von indischen oder asiatischen Gerichten.
Diese Konfitüre ist ein schönes Geschenk für Menschen, die gern scharf essen, und sie passt gut zu Geflügelaufschnitt, gekochtem Schinken oder kräftigen Käsesorten.

AUBERGINEN, EINGELEGT

Zubereitungszeit: 25 Minuten, ohne Durchziehzeit
Haltbarkeit: kühl, dunkel und trocken gestellt 4–5 Monate

ZUTATEN FÜR 3 GLÄSER JE ETWA 350 ML

3 Auberginen
Meersalz
3 Knoblauchzehen
1 kleines Bund Thymian
100 ml Olivenöl
600 ml weißer Balsamico-Essig
1 Prise Zucker

INSGESAMT:

E: 10 g, F: 100 g, Kh: 156 g, kcal: 1721

1. Die Auberginen abspülen, trocken tupfen und die Stängelansätze abschneiden. Auberginen längs in etwa 5 mm dicke Scheiben schneiden. Die Auberginenscheiben mit Meersalz bestreuen, auf einen Rost legen und etwa 30 Minuten durchziehen lassen.

2. In der Zwischenzeit den Knoblauch abziehen und in feine Scheiben schneiden. Thymian abspülen und trocken tupfen.

3. Die Auberginenscheiben rundherum mit Küchenpapier abtupfen. Das Olivenöl in einer Pfanne (z. B. Grillpfanne) erhitzen und die abgetupften Auberginenscheiben von beiden Seiten darin anbraten. Die Pfanne von der Kochstelle nehmen und die Auberginen etwas abkühlen lassen.

4. Essig mit ½ getrichenem Teelöffel Meersalz, 1 Prise Zucker und Knoblauchscheiben in einem Topf zum Kochen bringen und 3–4 Minuten kochen lassen.

5. Vorbereitete Auberginenscheiben aufrollen und zusammen mit den Thymianstängeln in vorbereitete Gläser schichten.

6. Den Essigsud nochmals aufkochen und noch heiß randvoll in die Gläser füllen.

7. Die Gläser sofort mit Twist-off-Deckeln® verschließen, umdrehen und etwa 5 Minuten auf den Deckeln stehen lassen.

TIPPS:

Schmeckt gut zu gegrilltem Fleisch.
Kann durch Zugabe von einer kleinen, in dünne Scheiben geschnittenen Chilischote im Essigsud „verschärft" werden.
Feine Papikastreifen (rot oder gelb) im Essigsud mitgegart, runden das Farbspiel im Glas ab.

REZEPTVARIANTE:

Für **eingelegte Feigen** (etwa 1 l) 125 ml Wasser mit 225 g Zucker in einem Topf verrühren, zum Kochen bringen, kurz aufkochen und erkalten lassen. 12 frische Feigen vorsichtig unter kaltem Wasser abspülen, trocken tupfen und in ein großes, gereinigtes, gespültes Glas (etwa 1 l) schichten. 20 g Ingwer schälen, in dünne Scheiben schneiden und zu den Feigen in das Glas geben. Zuckerlösung und 250 ml Wodka (40 Vol.-%) Wodka hinzugießen, vorsichtig umrühren. Das Glas verschließen. Eingelegte Feigen kalt stellen und etwa 4 Wochen durchziehen lassen.

BBQ-SAUCE (BARBECUE-SAUCE) (IM FOTO LINKS)

Zubereitungszeit: 20 Minuten, ohne Kühlzeit
Durchziehzeit: etwa 1 Tag
Haltbarkeit: gekühlt 3–4 Wochen

ZUTATEN FÜR 1 FLASCHE ETWA 750 ML

150 ml starker Kaffee (Espresso oder Mokka)
½ Gemüsezwiebel
½ kleines Bund Petersilie
½ TL Sambal Oelek
500 ml Tomatenketchup

INSGESAMT:

E: 13 g, F: 2 g, Kh: 128 g, kcal: 594

1. Kaffee zubereiten und kalt stellen. Zwiebelhälfte abziehen und in sehr kleine Würfel schneiden.

2. Petersilie abspülen und trocken tupfen. Die Blättchen von den Stängeln zupfen. Blättchen klein schneiden.

3. Den Kaffee in eine Schüssel gießen. Zwiebelwürfel, Petersilie, Sambal Oelek und Ketchup hinzufügen. Die Zutaten gut verrühren.

4. Die Sauce in vorbereitete Gläser oder Flaschen füllen, fest verschließen und kalt stellen. Sauce etwa 1 Tag durchziehen lassen.

5. Die BBQ-Sauce kann schon nach einem Tag verwendet werden.

TIPPS:

Sie eignet sich besonders gut zu gegrilltem Fleisch und zum Bestreichen von gebackenen Spareribs. Oder als Dip zu Frittiertem reichen.

REZEPTVARIANTE:

Für eine **Whiskey-BBQ-Sauce** (im Foto rechts, für 500–600 ml) 1 Zwiebel abziehen und sehr fein würfeln. 2 Esslöffel Olivenöl in einem Topf erhitzen, Zwiebelwürfel darin glasig dünsten. 250 g braunen Zucker hinzugeben und leicht karamellisieren lassen, mit 250 ml Sherryessig und 250 ml Bourbon-Whiskey ablöschen. 250 g Tomatenketchup einrühren und alles bei mittlerer Hitze einkochen lassen – hin und wieder umrühren – bis die Flüssigkeit sirupartig ist. 5 Esslöffel starken Espresso hinzugeben und unterrühren. Die Sauce mit Salz und Tabasco abschmecken. Im Kühlschrank hält sich die Sauce etwa 2–3 Wochen.

BIRNEN IN SENFSUD

Zubereitungszeit: 30 Minuten
Haltbarkeit: gekühlt etwa 6 Monate

ZUTATEN FÜR 2–3 GLÄSER JE ETWA 500 ML

FÜR DIE ESSIGLÖSUNG:

40 g frischer Meerrettich
625 ml Wasser
175 g Zucker
etwa 300 ml Rotweinessig
½ TL Salz
3 Lorbeerblätter
1 TL weiße Pfefferkörner
3–4 Gewürznelken
1 getrocknete Chilischote
50 g Senfkörner

1,25 kg kleine feste Birnen
½ Pck. Einmach-Hilfe

INSGESAMT:

E: 22 g, F: 19 g, Kh: 353 g, kcal: 1696

1. Für die Essiglösung Meerrettich schälen, in dünne Streifen schneiden und in einen großen Topf geben. Wasser, Zucker, Rotweinessig, Salz, Lorbeerblätter, Pfefferkörner, Nelken, Chilischote und Senfkörner hinzufügen.

2. Birnen waschen, abtrocknen, mit Stiel und Blüte in die Essiglösung geben, zum Kochen bringen und so lange köcheln lassen, bis sich die Birnen mit einer Nadel durchstechen lassen.

3. Die Birnen mit einem Schaumlöffel aus der Essiglösung nehmen und in vorbereitete Gläser schichten. Die Essiglösung noch einmal aufkochen lassen und zum Schluss die Einmach-Hilfe unterrühren.

4. Die heiße Essiglösung über die Birnen gießen. Die Gläser sofort mit Twist-off-Deckeln® verschließen, umdrehen und etwa 5 Minuten auf den Deckeln stehen lassen. Birnen kühl (im Keller) aufbewahren.

TIPP:

Die Rotweinessigmenge halbieren und durch 150 ml Rotwein ersetzen.

BIRNEN-APFEL-KONFITÜRE

Zubereitungszeit: 45 Minuten
Haltbarkeit: kühl und dunkel gestellt etwa 1 Jahr

ZUTATEN FÜR 7 GLÄSER JE ETWA 200 ML

500 g Birnen (von 4–5 Birnen, vorbereitet gewogen)
500 g Äpfel (von 4–5 Äpfeln, vorbereitet gewogen)
je 1 Msp. gem. Zimt und Gewürznelken
1 Pck. Zitronensäure (5 g)
1 Beutel Gelfix Classic 1:1 (20 g)
1150 g Zucker

INSGESAMT:

E: 4 g, F: 4 g, Kh: 1270 g, kcal: 5203

1. Birnen und Äpfel schälen, vierteln, entkernen, in kleine Stücke schneiden und jeweils 500 g abwiegen.

2. Fruchtstücke mit Zimt, Nelken und Zitronensäure in einen großen Kochtopf geben.

3. Gelfix Classic zuerst mit 2 Esslöffeln des Zuckers mischen, dann mit den Fruchtstücken verrühren.

4. Das Kochgut unter Rühren bei starker Hitze zum Kochen bringen. Sobald alles bei ständigem Rühren sprudelnd kocht, noch den restlichen Zucker hinzufügen.

5. Alles unter Rühren wieder zum Kochen bringen und unter ständigem Rühren mindestens 3 Minuten sprudelnd kochen lassen. Topf von der Kochstelle nehmen.

6. Kochgut evtl. abschäumen und sofort randvoll in vorbereitete Gläser füllen. Gläser mit Twist-off-Deckeln® verschließen, umdrehen und etwa 5 Minuten auf den Deckeln stehen lassen.

REZEPTVARIANTE:

Für ein **Birnen-Apfel-Gelee** 450 ml Apfelsaft (von etwa 850 g Äpfeln) und 400 ml Birnensaft (von etwa 1 kg Birnen) in einen großen Kochtopf geben. 1 Beutel Gelfix Classic 1:1 (20 g) zuerst mit 2 Esslöffeln Zucker mischen, anschließend mit dem Fruchtsaft gut verrühren. Das Kochgut unter Rühren bei starker Hitze zum Kochen bringen. Sobald alles bei ständigem Rühren sprudelnd kocht, 970 g Zucker hinzufügen. Alles unter Rühren wieder zum Kochen bringen und unter ständigem Rühren mindestens 3 Minuten sprudelnd kochen lassen. Topf von der Kochstelle nehmen. Das Kochgut eventuell abschäumen und sofort randvoll in 6 vorbereitete Gläser (je etwa 200 ml) füllen. Gläser mit Twist-off-Deckeln® verschließen, umdrehen und etwa 5 Minuten auf den Deckeln stehen lassen.

TIPP:

Sie können das Gelee auch statt mit Gelfix Classic und 1 kg Zucker mit Extra Gelierzucker 2:1 oder Gelfix Super 3:1 und 350 g Zucker zubereiten. Verwenden Sie dann insgesamt 900 ml Fruchtsaft. Bitte beachten Sie in diesem Fall auch die Packungsanleitungen.

Birnen-Apfel
Konfitüre

BIRNENAUFSTRICH „HUGO ART“

Zubereitungszeit: 25 Minuten
Haltbarkeit: kühl und dunkel gestellt 6–8 Monate

ZUTATEN FÜR 3 GLÄSER JE ETWA 400 ML

etwa 1,2 kg Birnen
75 ml Holunderblütensirup
3–4 EL Minz-Aromasirup
125 ml Limettensaft (von etwa 5 Limetten)
1 Pck. Zitronensäure (5 g)
500 g Extra Gelierzucker 2:1

INSGESAMT:

E: 5 g, F: 3 g, Kh: 722 g, kcal: 3021

1. Birnen halbieren, vierteln, schälen und entkernen. 900 g Birnenfruchtfleisch abwiegen und in feine Stücke schneiden.

2. Birnenstücke mit Holunderblüten- und Minzsirup in einem großen Topf vermischen. Etwa die Hälfte der Birnenstücke im Topf pürieren.

3. Limettensaft, Zitronensäure und Extra Gelierzucker hinzugeben, alles gut verrühren. Die Zutaten unter Rühren bei starker Hitze zum Kochen bringen und unter ständigem Rühren mindestens 3 Minuten sprudelnd kochen lassen. Den Kochtopf von der Kochstelle nehmen.

4. Das Kochgut evtl. abschäumen, sofort randvoll in vorbereitete Gläser füllen. Die Gläser mit Twist-off-Deckeln® verschließen, umdrehen und etwa 5 Minuten auf den Deckeln stehen lassen.

BIRNEN-MÖHREN-KONFITÜRE MIT ROSA PFEFFERBEEREN

Zubereitungszeit: 45 Minuten
Haltbarkeit: kühl und dunkel gestellt 3–4 Monate

ZUTATEN FÜR 5 GLÄSER JE ETWA 200 ML

600 g reife Birnen (von etwa 5 Birnen, vorbereitet gewogen)
250 g fein geraspelte Möhren (von etwa 300 g Möhren, vorbereitet gewogen)
50 ml klarer Apfelsaft (Handelsware)
1 geh. TL rosa Pfefferbeeren
500 g Extra Gelierzucker 2:1

INSGESAMT:

E: 6 g, F: 3 g, Kh: 602 g, kcal: 2459

1. Die Birnen schälen, vierteln, entkernen, in kleine Stücke schneiden und 600 g abwiegen. Möhren putzen, schälen, abspülen, abtropfen lassen, auf einer Haushaltsreibe fein raspeln und 250 g abwiegen.

2. Birnenstücke mit den Möhrenraspeln, Apfelsaft und Pfefferbeeren in einem großen Kochtopf vermischen. Extra Gelierzucker gut unterrühren.

3. Die Zutaten unter Rühren bei starker Hitze zum Kochen bringen und unter ständigem Rühren mindestens 3 Minuten sprudelnd kochen lassen. Den Topf von der Kochstelle nehmen.

4. Das Kochgut evtl. abschäumen und sofort randvoll in vorbereitete Gläser füllen.

5. Die Gläser mit Twist-off-Deckeln® verschließen, umdrehen und etwa 5 Minuten auf den Deckeln stehen lassen.

Brombeer
Birnen
Konfitüre
Brombeer
Konfitüre

BROMBEER-BIRNEN-KONFITÜRE (IM FOTO LINKS)

Zubereitungszeit: 30 Minuten
Haltbarkeit: kühl und dunkel gestellt etwa 1 Jahr

ZUTATEN FÜR 4–5 GLÄSER JE ETWA 200 ML

600 g Brombeeren (von etwa 700 g Brombeeren, vorbereitet gewogen)
400 g reife Birnen (von etwa 3 Birnen, vorbereitet gewogen)
350 g Zucker oder Fruchtzucker
1 Beutel Gelfix Super 3:1 (25 g)

INSGESAMT:

E: 9 g, F: 7 g, Kh: 455 g, kcal: 1907

1. Brombeeren verlesen, evtl. Blütenansätze entfernen. Brombeeren kurz abspülen, abtropfen lassen, 600 g abwiegen. Birnen schälen, vierteln, entkernen, klein schneiden und 400 g abwiegen.

2. Brombeeren und Birnenstücke in einen großen Kochtopf geben. Zucker oder Fruchtzucker mit Gelfix Super mischen, dann mit der Fruchtmasse gut verrühren.

3. Die Zutaten unter Rühren bei starker Hitze zum Kochen bringen und unter ständigem Rühren mindestens 3 Minuten sprudelnd kochen lassen. Den Topf von der Kochstelle nehmen.

4. Das Kochgut evtl. abschäumen und sofort randvoll in vorbereitete Gläser füllen. Gläser mit Twist-off-Deckeln® verschließen, umdrehen und etwa 5 Minuten auf den Deckeln stehen lassen.

TIPP:

Wenn Sie keine Kerne in Ihrer Konfitüre möchten, streichen Sie etwa 1 kg Brombeeren vor dem Kochen durch ein Sieb und wiegen 600 g ab.

BROMBEERKONFITÜRE (IM FOTO RECHTS)

Zubereitungszeit: 50 Minuten
Haltbarkeit: kühl und dunkel gestellt etwa 1 Jahr

ZUTATEN FÜR 7 GLÄSER JE ETWA 200 ML

1 kg Brombeeren (von etwa 1,2 kg Brombeeren, vorbereitet gewogen)
1 Beutel Gelfix Classic 1:1 (20 g)
1150 g Zucker

INSGESAMT:

E: 12 g, F: 10 g, Kh: 1216 g, kcal: 5003

1. Die Brombeeren verlesen, evtl. Blütenansätze entfernen. Brombeeren kurz abspülen, gut abtropfen lassen und 1 kg abwiegen. Die Brombeeren zerdrücken, am besten mit einem Stampfer oder Pürierstab zerkleinern.

2. Brombeermus in einen großen Kochtopf geben. Gelfix Classic zuerst mit 2 Esslöffeln der abgewogenen Zuckermenge mischen, dann mit dem Brombeermus gut verrühren.

3. Die Zutaten unter Rühren bei starker Hitze zum Kochen bringen. Sobald alles bei ständigem Rühren sprudelnd kocht, restlichen Zucker hinzufügen. Alles unter Rühren wieder zum Kochen bringen und unter ständigem Rühren mindestens 3 Minuten sprudelnd kochen lassen. Den Topf von der Kochstelle nehmen.

4. Kochgut evtl. abschäumen und sofort randvoll in vorbereitete Gläser füllen. Gläser mit Twistoff-Deckeln® verschließen, umdrehen und etwa 5 Minuten auf den Deckeln stehen lassen.

TIPP:

3 Esslöffel Gin unter die fertige Konfitüre rühren.

BROMBEER-LIMETTEN-GELEE

Zubereitungszeit: 45 Minuten, ohne Entsaftungszeit
Haltbarkeit: kühl und dunkel gestellt etwa 1 Jahr

ZUTATEN FÜR 4 GLÄSER JE ETWA 200 ML

650 ml Brombeersaft
(von etwa 1,1 kg Brombeeren)
3 Bio-Limetten
(unbehandelt, ungewachst)
400 g Zucker
1 Beutel Gelfix Extra 2:1 (25 g)

INSGESAMT:

E: 8 g, F: 6 g, Kh: 470 g, kcal: 1980

1. Die Brombeeren verlesen, entstielen, abspülen und abtropfen lassen. Limetten heiß abwaschen und abtrocknen. 1 Limette dünn schälen. Limettenschale zu den Brombeeren geben.

2. Die Brombeeren im Schnellkochtopf oder Dampfentsafter entsaften (Gebrauchsanleitung des Geräteherstellers beachten). 650 ml Saft abmessen.

3. Von den restlichen Limetten die Schale mit einem Zestenreißer in Streifen abziehen. Alle Limetten halbieren, den Saft auspressen und 100 ml Saft abmessen. Den Limettensaft mit dem Brombeersaft in einen großen Kochtopf geben. Abgewogene Zuckermenge mit Gelfix Extra mischen, mit dem Saft gut verrühren.

4. Die Zutaten unter Rühren bei starker Hitze zum Kochen bringen und unter ständigem Rühren mindestens 3 Minuten sprudelnd kochen lassen. Den Topf von der Kochstelle nehmen.

5. Das Kochgut evtl. abschäumen. Limettenstreifen unterrühren. Kochgut sofort randvoll in vorbereitete Gläser füllen. Gläser mit Twist-off-Deckeln® verschließen, umdrehen und etwa 5 Minuten auf den Deckeln stehen lassen.

6. Die Gläser während des Erkaltens gelegentlich umdrehen, damit sich die Limettenschalen gleichmäßig verteilen.

BROMBEER-ROTWEIN-KONFITÜRE

Zubereitungszeit: 40 Minuten
Haltbarkeit: kühl und dunkel gestellt etwa 1 Jahr
▲ Mit Alkohol

ZUTATEN FÜR 6 GLÄSER JE ETWA 200 ML

500 g Brombeeren (vorbereitet gewogen)
400 ml trockener Rotwein
1 Beutel Gelfix Classic 1:1 (20 g)
900 g Zucker

INSGESAMT:

E: 7 g, F: 5 g, Kh: 945 g, kcal: 4097

1. Brombeeren verlesen, evtl. kurz abspülen, trocken tupfen und 500 g abwiegen.

2. Brombeeren und Rotwein in einen großen Kochtopf geben. Gelfix Classic zuerst mit 2 Esslöffeln der abgewogenen Zuckermenge mischen, dann mit der Fruchtmasse gut verrühren. Die Zutaten unter Rühren bei starker Hitze zum Kochen bringen.

3. Sobald alles bei ständigem Rühren sprudelnd kocht, restlichen Zucker hinzufügen. Alles unter Rühren wieder zum Kochen bringen und unter ständigem Rühren mindestens 3 Minuten sprudelnd kochen lassen. Den Topf von der Kochstelle nehmen.

4. Das Kochgut evtl. abschäumen und sofort randvoll in vorbereitete Gläser füllen.

5. Die Gläser mit Twist-off-Deckeln® verschließen, umdrehen und etwa 5 Minuten auf den Deckeln stehen lassen.

TIPP:

Sollten Sie die Kerne der Brombeeren in der Brombeer-Rotwein-Konfitüre als störend empfinden, passieren Sie 900 g Brombeeren durch ein feines Sieb und wiegen danach 500 g Brombeerenmasse ab.

CHAMPIGNONS, MARINIERT

◷ Zubereitungszeit: 60 Minuten
Durchziehzeit: einige Tage
Haltbarkeit: gekühlt etwa 2 Wochen
▲ Mit Alkohol

ZUTATEN FÜR 4 GLÄSER JE ETWA 500 ML

2 ½ kg kleine Champignons

FÜR DIE MARINADE:

1–2 Chilischoten
6–8 Knoblauchzehen
2 Zweige Rosmarin
250 ml Weißweinessig
250 ml Weißwein
250 ml Speiseöl
2 EL grüne Pfefferkörner
2 gestr. TL Salz

INSGESAMT:

E: 104 g, F: 256 g, Kh: 23 g, kcal: 2866

1. Champignons putzen, evtl. kurz abspülen und trocken tupfen.

2. Für die Marinade Chilischoten putzen, abspülen und trocken tupfen. Knoblauch abziehen und in dünne Scheiben schneiden. Rosmarin abspülen und trocken tupfen.

3. Essig, Weißwein und Speiseöl in einem Topf verrühren. Chilischoten, Knoblauchscheiben, Rosmarin, Pfefferkörner und Salz hinzufügen. Die Zutaten kurz aufkochen lassen. Den Topf von der Kochstelle nehmen.

4. Champignons in der Marinade etwa 10 Minuten ziehen und abkühlen lassen.

5. Champignons mit der Marinade in vorbereitete Gläser füllen. Gläser mit Twist-off-Deckeln® verschließen.

6. Champignons kalt gestellt einige Tage durchziehen lassen.

TIPP:

Marinierte Champignons zu Grillspezialitäten reichen oder auf ein Buffet stellen.

CLEMENTINEN-LIKÖR

Zubereitungszeit: 20 Minuten
Durchziehzeit: etwa 2 Monate
Haltbarkeit: gekühlt etwa 1 Jahr
▲ Mit Alkohol

ZUTATEN FÜR 1 GROSSES GLAS ETWA 1,2 L

12 Bio-Clementinen (unbehandelt)
1 TL Korianderkörner
2 Zimtstangen
700 ml Wodka (40 Vol.-%)
400 g Zucker

INSGESAMT:

E: 1 g, F: 0 g, Kh: 408 g, kcal: 3274

1. Clementinen gründlich heiß abwaschen und abtrocknen. Clementinen mit einem Sparschäler dünn abschälen. Dabei darauf achten, dass nur die orange Schale und nicht das Weiße abgeschält wird. Schale in feine Streifen schneiden. Die Hälfte der Clementinen halbieren und den Saft auspressen, die andere Hälfte Clementinen in dünne Scheiben schneiden. Korianderkörner leicht zerstoßen. Zimtstangen in Stücke brechen.

2. Clementinenschale, -scheiben, -saft, Zimt, Wodka und Zucker in ein großes, gründlich gereinigtes, gespültes Glas füllen. Glas verschließen und kräftig schütteln. Den Likör etwa 2 Monate an einem kühlen, dunkeln Ort (am besten im Keller) durchziehen lassen. Zwischendurch schütteln.

3. Nach etwa 2 Monaten den angesetzten Likör durch ein mit einem Geschirrtuch ausgelegtes Sieb gießen und in Flaschen (je 0,6 l) füllen. Flaschen fest verschließen und kalt stellen.

TIPPS:

Nach Belieben können Sie anstelle von Wodka auch Gin oder Weinbrand verwenden.
Die herausgefilterten Clementinenscheiben in ein Glas geben und mit dem Likör aufgefüllt servieren.

CONFIT VON ROTEN ZWIEBELN UND PREISELBEEREN

● Zubereitungszeit: 30 Minuten
Haltbarkeit: kühl und dunkel gestellt mindestens 3 Monate
▲ Mit Alkohol

ZUTATEN FÜR 900–1000 ML

20 mittelgroße rote Zwiebeln (etwa 600 g, geschält)
4 EL Olivenöl
2 EL brauner Zucker
160 ml Sherryessig
500 ml Orangensaft (Handelsware)
250 ml Rotwein
4 Lorbeerblätter
500 g Preiselbeeren (vorbereitet gewogen)
250 g Extra Gelierzucker 2:1
100 ml Cassislikör
2 Stängel Thymian
1 gestr. TL gem. Piment
Salz
gem. Pfeffer

INSGESAMT:

E: 13 g, F: 45 g, Kh: 417 g, kcal: 2469

1. Zwiebeln abziehen und längs halbieren. Olivenöl in einem großen Topf erhitzen. Zwiebelhälften darin evtl. in 2 Portionen etwa 6 Minuten von allen Seiten goldgelb anbraten. Nach etwa 4 Minuten Bratzeit den Zucker hinzugeben und karamellisieren lassen. Mit Essig und Orangensaft ablöschen, zum Kochen bringen und zur Hälfte einkochen lassen.

2. Rotwein und Lorbeerblätter hinzugeben. Die Flüssigkeit bei mittlerer Hitze nochmals sirupartig einkochen (kann je nach Topfdurchmesser bis zu 45 Minuten dauern).

3. In der Zwischenzeit Preiselbeeren putzen, abspülen, abtropfen lassen, 500 g abwiegen und in einen großen Kochtopf geben, mit Gelierzucker und Cassislikör gut verrühren. Die Zutaten unter Rühren bei starker Hitze zum Kochen bringen und unter ständigem Rühren mindestens 3 Minuten sprudelnd kochen lassen. Den Topf von der Kochstelle nehmen. Kochgut evtl. abschäumen.

4. Thymian abspülen und trocken tupfen. Die Blättchen von den Stängeln zupfen. Die Preiselbeerkonfitüre mit den Thymianblättchen und Piment zum Zwiebelconfit in den Topf geben. Die Zutaten nochmals unter Rühren kurz aufkochen lassen. Mit 1 Prise Salz und Pfeffer abschmecken.

5. Confit sofort randvoll in vorbereitete Gläser füllen. Die Gläser mit Twist-off-Deckeln® verschließen, umdrehen und etwa 5 Minuten auf den Deckel stehen lassen. Die Gläser an einen kühlen Ort stellen.

TIPPS:

Passt sehr gut zu frischem Käse, Hackfleisch, grober Wurst und Pasteten.
Confit macht sich zudem hervorragend als Basis für delikate Saucen.

CRANBERRYGELEE MIT ORANGENSAFT

Zubereitungszeit: 30 Minuten, ohne Durchziehzeit
Haltbarkeit: kühl und dunkel gestellt 3–4 Monate

ZUTATEN FÜR 5 GLÄSER JE ETWA 200 ML

125 g Cranberrys, getrocknet, ungeschwefelt
1 Bio-Orange (unbehandelt, ungewachst)
330 ml Cranberrysaft (Direktsaft, 100 %)
300 ml Orangensaft (Handelsware)
250 ml Apfelsaftkonzentrat
500 g Extra Gelierzucker 2:1
1 Pck. Zitronensäure (5 g)

INSGESAMT:

E: 7 g, F: 2 g, Kh: 806 g, kcal: 3336

1. Cranberrys grob hacken. Die Orange heiß abwaschen, abtrocknen und die Schale abreiben. Oder von der Orange mit einem Zestenreißer Schalenstreifen abziehen.

2. Cranberrys mit Orangenschale oder -streifen und Cranberrysaft in einem großen Kochtopf verrühren, etwa 2 Stunden durchziehen lassen.

3. Den Orangensaft und das Apfelsaftkonzentrat mit Extra Gelierzucker zu der Cranberrymasse in den Topf geben und gut unterrühren. Die Zutaten unter Rühren bei starker Hitze zum Kochen bringen und unter ständigem Rühren mindestens 3 Minuten sprudelnd kochen lassen. Zitronensäure unterrühren. Den Topf von der Kochstelle nehmen.

4. Das Kochgut evtl. abschäumen und sofort randvoll in vorbereitete Gläser füllen. Die Gläser mit Twist-off-Deckeln® verschließen, umdrehen, etwa 5 Minuten auf den Deckeln stehen lassen.

TIPPS:

Cranberrys sind die gezüchtete Form der wilden Moosbeere.
Für eine Gelierprobe geben Sie 1–2 Teelöffel des heißen Gelees auf einen gekühlten Teller. Wird die Gelierprobe dicklich bzw. fest, so bekommt auch der Rest Ihres Gelees genügend Festigkeit in den Gläsern.
Wünschen Sie eine stärkere Festigkeit, rühren Sie 1 Päckchen Zitronensäure (5 g) unter das heiße Gelee und machen Sie noch eine zweite Gelierprobe, ehe Sie das Gelee einfüllen.

REZEPTVARIANTE:

Für ein **Cranberry-Orangen-Relish** 200 g frische Cranberrys evtl. kurz abspülen, trocken tupfen. 2 Kumquats entstielen, abspülen und abtrocknen. 100 g Orangenfilets und Kumquats in kleine Würfel schneiden. Cranberrys und Fruchtwürfel in einen Kochtopf geben. 100 ml Weißwein, 100 ml Orangensaft und 50 g Zucker hinzufügen, zum Kochen bringen und etwa 15 Minuten kochen lassen. Dann 1 cl Weinbrand, 1 cl Himbeeressig und 1 Esslöffel fein geschnittene Zitronenmelisse hinzufügen. Mit etwas Senfpulver, Nelken und Pfeffer würzen. Eventuell 1 Esslöffel Speisestärke mit etwas Wasser anrühren, in die Fruchtmasse rühren und unter Rühren aufkochen lassen. Relish sofort randvoll in 3 vorbereitete Gläser (je etwa 200 ml) füllen und mit Twist-off-Deckeln® verschließen. Im Kühlschrank gelagert hält sich das Relish etwa 7 Tage.

TIPP:

Cranberry-Orangen-Relish zu geräucherter Putenbrust reichen.

CURRYGURKEN

Zubereitungszeit: 40 Minuten
Einkochzeit: etwa 35 Minuten
Haltbarkeit: kühl und dunkel gestellt mindestens 3–6 Monate

ZUTATEN FÜR 7 GLÄSER JE ETWA 350 ML

2 kg große reife Einlegegurken
250 g ganz kleine Zwiebeln oder Perlzwiebeln
1 Bund Dill
750 ml Weißweinessig (5%)
500 ml Wasser
200 g brauner Zucker
4 EL Salz
8 Limettenblätter
2 EL Currypulver indisch
1 TL Thai-Currypulver

INSGESAMT:

E: 18 g, F: 5 g, Kh: 274 g, kcal: 1338

1. Gurken schälen, abspülen, trocken tupfen und die Enden abschneiden. Gurken längs halbieren. Die Kerne mit einem Esslöffel herausschaben. Gurkenhälften in etwa 2 cm dicke Scheiben schneiden. Zwiebeln abziehen, größere Zwiebeln halbieren oder vierteln. Dill abspülen und trocken tupfen. Dill mit den Stängeln grob hacken und beiseitelegen.

2. Essig mit 500 ml Wasser, Zucker und Salz in einem großen Topf zum Kochen bringen. Die Gurkenscheiben und Zwiebeln in der Flüssigkeit 3–5 Minuten bissfest kochen.

3. Die Gurkenscheiben und Zwiebeln noch heiß abwechselnd mit dem gehackten Dill in vorbereitete Gläser füllen.

4. Eine Fettpfanne zur Hälfte mit Wasser füllen und in den Backofen schieben.

5. Den Backofen vorheizen.
Ober-/Unterhitze: etwa 120 °C
Heißluft: etwa 100 °C

6. Den Gurkensud nochmals mit abgespülten und trocken getupften Limettenblättern und dem Currypulver aufkochen. Die eingeschichteten Gurken und Zwiebeln damit übergießen, sodass die Gurken ganz bedeckt sind. Die Gläser sofort mit Twist-off-Deckeln® verschließen. Die Gläser in die vorbereitete Fettpfanne stellen. Die Gurken etwa 35 Minuten einkochen (sterilisieren).

7. Die Gurken 3–4 Wochen an einem kühlen, dunklen Ort ziehen lassen.

TIPP:

Für eine besondere Würze können den Currygurken noch 1 Esslöffel Senfkörner und einige Pimentkörner hinzugefügt werden.

CURRYSAUCE

Zubereitungszeit: 25 Minuten
Haltbarkeit: gekühlt 3–4 Monate

ZUTATEN FÜR 1 FLASCHE ETWA 750 ML

300 ml Wasser
½ EL Currypulver indisch
1–2 EL Zucker
½ TL Paprikapulver rosenscharf
½ TL Sambal Oelek
500 ml Tomatenketchup

INSGESAMT:

E: 11 g, F: 2 g, Kh: 146 g, kcal: 661

1. Wasser in einen Topf geben. Curry, Zucker, Paprika und Sambal Oelek hinzufügen, zum Kochen bringen.

2. Den Topf von der Kochstelle nehmen. Ketchup einrühren und unter ständigem Rühren bei schwacher Hitze etwas einkochen lassen.

3. Das Curry-Ketchup kann sofort verwendet werden oder das Ketchup in vorbereitete Gläser oder Flaschen füllen und fest verschließen.

TIPPS:

Die Currysauce passt gut zur klassischen Currywurst oder zu gegrillten Fleischspießen. Die Schärfe der Sauce können Sie natürlich individuell abstimmen, ganz nach eigener Vorliebe.
Sie passt gut zu indischen oder chinesischen Gerichten, mit Schweinefleisch, Geflügel oder Fisch.

DREIFRUCHTGELEE

Zubereitungszeit: 30 Minuten, ohne Entsaftungs- und Abkühlzeit
Haltbarkeit: kühl und dunkel gestellt etwa 1 Jahr

ZUTATEN FÜR 4 GLÄSER JE ETWA 200 ML

400 ml Johannisbeersaft (von etwa 600 g roten Johannisbeeren)
300 ml Brombeersaft (von etwa 450 g Brombeeren)
200 ml Sauerkirschsaft (von etwa 350 g entsteinten Sauerkirschen)
1 Pck. Zitronensäure (5 g)
350 g Zucker, Fruchtzucker oder Sorbit (oder 25 ml Flüssigsüße)
1 Beutel Gelfix Super 3:1 (25 g)

INSGESAMT:

E: 9 g, F: 4 g, Kh: 487 g, kcal: 2110

1. Johannisbeeren abspülen und abtropfen lassen. Beeren mithilfe eines Schnellkochtopfes oder Dampfentsafters entsaften (bitte die Gebrauchsanleitung des Geräteherstellers beachten). Saft abkühlen lassen und 400 ml abmessen.

2. Brombeeren verlesen, abspülen, abtropfen lassen. Daraus wie zuvor beschrieben Saft gewinnen, ihn abkühlen lassen und 300 ml abmessen.

3. Kirschen abspülen, entstielen, entsteinen. Daraus ebenso Saft gewinnen, ihn abkühlen lassen und 200 ml abmessen.

4. Die Fruchtsäfte und Zitronensäure in einen großen Kochtopf geben. Süßungsmittel mit Gelfix Super mischen, dann mit dem Fruchtsaft verrühren (oder Säfte und Zitronensäure in einen großen Kochtopf geben, mit abgemessener Flüssigsüße und Gelfix Super gut verrühren).

5. Alles unter Rühren bei starker Hitze zum Kochen bringen und unter ständigem Rühren mindestens 3 Minuten sprudelnd kochen lassen. Topf von der Kochstelle nehmen.

6. Kochgut evtl. abschäumen und sofort randvoll in vorbereitete Gläser füllen. Die Gläser mit Twist-off-Deckeln® verschließen, umdrehen und etwa 5 Minuten auf den Deckeln stehen lassen.

TIPPS:

Probieren Sie auch einmal folgende Mischungen für Dreifruchtgelees:

- Sauerkirschsaft, Himbeersaft und Saft aus schwarzen Johannisbeeren (400 ml Himbeersaft, 300 ml Sauerkirschsaft und 200 ml schwarzen Johannisbeersaft).
- Roter Johannisbeersaft, Himbeersaft und Stachelbeersaft (400 ml roter Johannisbeersaft, 300 ml Himbeersaft und 200 ml Stachelbeersaft).

Sie können die Säfte im Dampfentsafter gewinnen oder ungesüßten Direktsaft verwenden.

Dreifrucht
Gelee

DREIFRUCHT-SCHICHTKONFITÜRE

Zubereitungszeit: 60 Minuten, ohne Durchziehzeit
Haltbarkeit: kühl und dunkel gestellt 3–4 Monate
▲ Mit Alkohol

ZUTATEN FÜR 5 GLÄSER JE ETWA 200 ML

250 g Äpfel (vorbereitet gewogen)
250 g Birnen (vorbereitet gewogen)
500 g Pflaumen (Zwetschen, vorbereitet gewogen)

FÜR DIE APFEL-BIRNEN-KONFITÜRE:

30 g Weinbeeren
250 g Extra Gelierzucker 2:1
2 EL Rum

FÜR DIE PFLAUMEN-KONFITÜRE:

1 Sternanis
1 Msp. gem. Nelken
1 Msp. gem. Zimt
250 g Extra Gelierzucker 2:1

INSGESAMT:

E: 6 g, F: 3 g, Kh: 622 g, kcal: 2615

1. Äpfel und Birnen schälen, vierteln und entkernen. Apfel- und Birnenviertel klein schneiden, je 250 g Fruchtfleisch abwiegen.

2. Pflaumen (Zwetschen) waschen, abtrocknen, halbieren, entsteinen, in kleine Stücke schneiden und 500 g Fruchtfleisch abwiegen.

3. Für die Apfel-Birnen-Konfitüre Apfel- und Birnenstücke mit den Weinbeeren in einen kleinen Kochtopf (etwa 2 l Inhalt) geben, mit Extra Gelierzucker (250 g) gut verrühren, etwa 30 Minuten stehen lassen.

4. Für die Pflaumen-Konfitüre Pflaumen (Zwetschen) mit Sternanis, Nelken und Zimt in einen weiteren Kochtopf (etwa 2 l Inhalt) geben, ebenfalls mit Extra Gelierzucker (250 g) gut verrühren und 30 Minuten stehen lassen.

5. Zunächst die Apfel-Birnen-Fruchtmasse bei starker Hitze zum Kochen bringen und mindestens 3 Minuten unter ständigem Rühren sprudelnd kochen lassen, Topf von der Kochstelle nehmen. Rum unterrühren.

6. Das Kochgut eventuell abschäumen. Etwa die Hälfte von der Apfel-Birnen-Konfitüre mit einem Esslöffel oder einer kleinen Kelle vorsichtig in den vorbereiteten Gläsern verteilen, etwas fest werden lassen.

7. Die Pflaumen-Fruchtmasse auf die gleiche Weise (wie unter Punkt 4 beschrieben) zubereiten, nur ohne Rum. Den Topf von der Kochstelle nehmen und Sternanis entfernen.

8. Das Kochgut eventuell abschäumen. Etwa die Hälfte von der Pflaumen-Konfitüre mit einem Esslöffel oder einer kleinen Kelle auf die Apfel-Birnen-Konfitüre geben und wieder etwas fest werden lassen (etwa 10 Minuten).

9. Restliche Apfel-Birnen-Konfitüre daraufgeben und mit der restlichen Pflaumen-Konfitüre die Gläser randvoll füllen.

10. Gläser mit Twist-off-Deckeln® verschließen, umdrehen und etwa 5 Minuten auf den Deckeln stehen lassen.

ERDBEERKONFITÜRE

Zubereitungszeit: 35 Minuten
Haltbarkeit: kühl und dunkel gestellt
3–4 Monate

ZUTATEN FÜR 5 GLÄSER JE ETWA 200 ML

1 kg Erdbeeren (vorbereitet gewogen)
2 EL Zitronen- oder Limettensaft
500 g Extra Gelierzucker 2:1

INSGESAMT:

E: 8 g, F: 4 g, Kh: 548 g, kcal: 2306

1. Erdbeeren putzen, abspülen, gut abtropfen lassen, entstielen, in sehr kleine Stücke schneiden und 1 kg abwiegen.

2. Die Erdbeerstücke mit Zitronen- oder Limettensaft und Extra Gelierzucker in einem großen Kochtopf gut verrühren.

3. Die Zutaten unter Rühren bei starker Hitze zum Kochen bringen und unter ständigem Rühren mindestens 3 Minuten sprudelnd kochen lassen. Den Topf von der Kochstelle nehmen.

4. Das Kochgut evtl. abschäumen und sofort randvoll in vorbereitete Gläser füllen. Die Gläser mit Twist-off-Deckeln® verschließen, umdrehen und etwa 5 Minuten auf den Deckeln stehen lassen.

TIPPS:

Zusätzlich abgeriebene Schale von 1 Bio-Zitrone (unbehandelt, ungewachst) mit den Erdbeerstücken mischen und mitkochen lassen.
Erdbeerkonfitüre verliert schnell an Farbe, deswegen nur 4 Gläser einkochen, die restlichen Erdbeeren einfrieren und daraus frische Konfitüre machen oder mit Johannisbeersaft einkochen. Dafür 100 g Erdbeeren durch 100 ml schwarzen Johannisbeernektar ersetzen.

ERDBEER-MARACUJA-KONFITÜRE

Zubereitungszeit: 30 Minuten
Haltbarkeit: kühl und dunkel gestellt 3–4 Monate

ZUTATEN FÜR 7 GLÄSER JE ETWA 200 ML

700 g Erdbeeren (vorbereitet gewogen)
500 ml Maracujanektar (25 % Fruchtanteil)
50 ml Zitronensaft
500 g Super Gelierzucker 3:1

INSGESAMT:

E: 7 g, F: 3 g, Kh: 592 g, kcal: 2487

1. Die Erdbeeren putzen, abspülen, abtropfen lassen, entstielen und 700 g abwiegen. Erdbeeren in kleine Würfel schneiden.

2. Erdbeerwürfel, Maracujanektar, Zitronensaft und Gelierzucker in einem großen Kochtopf gut verrühren. Die Zutaten unter Rühren bei starker Hitze zum Kochen bringen und unter ständigem Rühren mindestens 3 Minuten sprudelnd kochen lassen. Anschließend den Topf von der Kochstelle nehmen.

3. Das Kochgut evtl. abschäumen und sofort randvoll in vorbereitete Gläser füllen. Die Gläser mit Twist-off-Deckeln® verschließen, umdrehen und etwa 5 Minuten auf den Deckeln stehen lassen.

ERDBEER-PFIRSICH-SCHICHTKONFITÜRE

Zubereitungszeit: 45 Minuten, ohne Abkühlzeit
Haltbarkeit: kühl und dunkel gestellt
3–4 Monate

ZUTATEN FÜR 5 GLÄSER JE ETWA 200 ML

50 g gehobelte Mandeln

FÜR DIE PFIRSICHKONFITÜRE:

500 g Pfirsiche (vorbereitet gewogen)
250 g Extra Gelierzucker 2:1

FÜR DIE ERDBEERKONFITÜRE:

470 g Erdbeeren (vorbereitet gewogen)
3 EL Zitronensaft
250 g Extra Gelierzucker 2:1

INSGESAMT:

E: 20 g, F: 29 g, Kh: 567 g, kcal: 2639

1. Die Mandeln in einer Pfanne ohne Fett unter Rühren goldbraun rösten, herausnehmen und auf einem Teller erkalten lassen.

2. Für die Pfirsichkonfitüre die Pfirsiche zunächst abspülen, abtropfen lassen und an der Unterseite kreuzweise einschneiden.

3. Die Pfirsiche kurz in kochendes Wasser legen, herausnehmen, mit kaltem Wasser abschrecken und die Haut abziehen. Pfirsiche halbieren und entsteinen.

4. Das Fruchtfleisch in etwa 1 cm große Würfel schneiden und 500 g abwiegen.

5. Die Pfirsichwürfel mit Extra Gelierzucker in einem kleinen Kochtopf (etwa 2 l Inhalt) gut verrühren.

6. Für die Erdbeerkonfitüre die Erdbeeren putzen, abspülen, gut abtropfen lassen und entstielen. 470 g Erdbeeren abwiegen, in kleine Stücke schneiden und in einen zweiten kleinen Kochtopf (etwa 2 l Inhalt) geben. Mit Zitronensaft und Extra Gelierzucker gut verrühren.

7. Die Zutaten unter Rühren bei starker Hitze zum Kochen bringen und unter ständigem Rühren mindestens 3 Minuten sprudelnd kochen lassen. Den Topf von der Kochstelle nehmen. Das Kochgut evtl. abschäumen.

8. Die Erdbeerkonfitüre jeweils etwa halbhoch in vorbereitete Gläser füllen. Zwei Drittel der Mandeln daraufstreuen.

9. Die Pfirsichmasse unter Rühren bei starker Hitze zum Kochen bringen und unter ständigem Rühren mindestens 3 Minuten sprudelnd kochen lassen. Anschließend den Topf von der Kochstelle nehmen.

10. Das Kochgut evtl. abschäumen. Restliche Mandeln unterheben und sofort in die bereits halbvoll gefüllten Gläser füllen.

11. Gläser mit Twist-off-Deckeln® verschließen. Gläser nach etwa 15 Minuten umdrehen und etwa 5 Minuten auf den Deckeln stehen lassen.

TIPP:

Achten Sie bei den Schichtkonfitüren unbedingt darauf, dass Sie Früchte mit kräftig farbigem Fruchtfleisch (d. h. gelbfleischige Pfirsiche und eine intensiv rote Erdbeersorte) kaufen, nur so kommt der Farbkontrast gut zur Geltung.

ERDBEER-RHABARBER-KONFITÜRE

Zubereitungszeit: 30 Minuten
Haltbarkeit: kühl und dunkel gestellt etwa 1 Jahr

ZUTATEN FÜR 5 GLÄSER JE ETWA 200 ML

500 g Erdbeeren (von etwa 600 g Erdbeeren, vorbereitet gewogen)
500 g junger Rhabarber (von etwa 750 g Rhabarber, vorbereitet gewogen)
1 Bio-Zitrone (unbehandelt, ungewachst)
500 g Extra Gelierzucker 2:1

INSGESAMT:

E: 8 g, F: 3 g, Kh: 532 g, kcal: 2239

1. Die Erdbeeren putzen, abspülen, abtropfen lassen, entstielen, in kleine Stücke schneiden und 500 g abwiegen. Rhabarber putzen, Stielenden und Blattansätze entfernen. Rhabarber abspülen, trocken tupfen (evtl. abziehen), in sehr kleine Stücke schneiden und 500 g abwiegen. Zitrone heiß abwaschen, abtrocknen und die Schale abreiben. Zitrone halbieren und den Saft auspressen.

2. Erdbeer-, Rhabarberstücke, Zitronenschale und -saft mit dem Extra Gelierzucker in einem großen Kochtopf gut verrühren. Die Zutaten unter Rühren bei starker Hitze zum Kochen bringen und unter ständigem Rühren mindestens 3 Minuten sprudelnd kochen lassen. Den Topf von der Kochstelle nehmen.

3. Das Kochgut evtl. abschäumen und sofort randvoll in vorbereitete Gläser füllen.

4. Die Gläser mit Twist-off-Deckeln® verschließen, umdrehen und etwa 5 Minuten auf den Deckeln stehen lassen.

ERDBEER-ROTE-BETE-KONFITÜRE

Zubereitungszeit: 30 Minuten
Haltbarkeit: kühl und dunkel gestellt 3–4 Monate

ZUTATEN FÜR 5 GLÄSER JE ETWA 200 ML

700 g Erdbeeren (vorbereitet gewogen)
250 g Rote Bete (vakuumverpackt, gekocht, geschält)
50 ml Zitronensaft
500 g Extra Gelierzucker 2:1

INSGESAMT:

E: 10 g, F: 3 g, Kh: 553 g, kcal: 2317

1. Die Erdbeeren putzen, abspülen, abtropfen lassen, entstielen, in kleine Stücke schneiden und 700 g abwiegen. Rote Bete in Stücke schneiden und mit dem Zitronensaft pürieren.

2. Die Erdbeerstücke und das Rote-Bete-Püree in einen großen Kochtopf geben und mit Extra Gelierzucker gut verrühren.

3. Die Zutaten unter Rühren bei starker Hitze zum Kochen bringen und unter ständigem Rühren mindestens 3 Minuten sprudelnd kochen lassen. Den Topf von der Kochstelle nehmen.

4. Das Kochgut evtl. abschäumen und sofort randvoll in vorbereitete Gläser füllen. Die Gläser mit Twist-off-Deckeln® verschließen, umdrehen und etwa 5 Minuten auf den Deckeln stehen lassen.

TIPP:

Zusätzlich abgeriebene Schale von 1 Bio-Zitrone (unbehandelt, ungewachst) unter die Früchte rühren.

ERDBEER-WODKA-LIKÖR

Zubereitungszeit: 15 Minuten, ohne Saftziehzeit
Durchziehzeit: etwa 4 Wochen
Haltbarkeit: gekühlt 6–12 Monate
▲ Mit Alkohol

ZUTATEN FÜR 2 GLÄSER JE 750–1000 ML

1 kg Erdbeeren
3 TL Zucker
1 Bio-Orange (unbehandelt, ungewachst)
50 g abgezogene, ganze Mandeln
320 g brauner Kandis
1 l Wodka (40 Vol.-%)

INSGESAMT:

E: 20 g, F: 30 g, Kh: 382 g, kcal: 4275

1. Erdbeeren waschen, gut abtropfen lassen und entstielen. Große Erdbeeren halbieren. Erdbeeren und Zucker in einer Schüssel vermengen und Saft ziehen lassen.

2. Inzwischen die Orange gründlich heiß abwaschen und abtrocknen. Orange mit einem Sparschäler dünn abschälen. Dabei darauf achten, dass nur die Orangenschale und nicht das Weiße abgeschält wird.

3. Erdbeeren mit Saft, Orangenschale, Mandeln und Kandiszucker in ein großes, gründlich gereinigtes, gespültes Glas füllen. Mit Wodka auffüllen und das Glas gut verschließen.

4. Einmal kurz schütteln, damit sich die Zutaten vermischen, dann an einem kühlen, dunklen Ort (am besten im Keller) etwa 4 Wochen durchziehen lassen.

TIPP:

Anstelle von Wodka und Kandiszucker können Sie auch weißen Rum und Rohrzucker verwenden. Dadurch erhält der Likör eine karibische Note.

ESSIGGURKEN

- Zubereitungszeit: 90 Minuten, ohne Einleg- und Abkühlzeit
Einkochzeit: etwa 30 Minuten
Durchziehzeit: einige Wochen
Haltbarkeit: kühl und dunkel gestellt etwa 1 Jahr

ZUTATEN FÜR 1 GROSSEN STEINTOPF ETWA 4 L ODER 4 EINKOCHGLÄSER JE ETWA 1 L

2 ½ kg kleine feste Gurken
Salzwasser (auf 1 l Wasser 75 g Salz)
450 g Perlzwiebeln
Dilldolden oder Dillzweige
5 TL Gurkengewürz

FÜR DIE ESSIG-ZUCKER-LÖSUNG:

200 g Kandis
1 l Wasser
500 ml Weißweinessig

INSGESAMT:

E: 23 g, F: 8 g, Kh: 308 g, kcal: 1495

1. Am Vortag die Gurken gründlich waschen, bürsten, abtropfen lassen, mit Salzwasser übergießen und 12–24 Stunden an einem kühlen Ort stehen lassen.

2. Am nächsten Tag Zwiebeln abziehen. Dill abspülen und trocken tupfen. Gurken aus dem Salzwasser nehmen, sorgfältig bürsten, abspülen, abtrocknen und anschließend schlechte Stellen entfernen.

3. Gurken, Zwiebeln, Gewürz und Dill in einen gründlich gereinigten, mit klarem Wasser nachgespülten Steintopf oder in vorbereitete Einkochgläser schichten.

4. Für die Essig-Zucker-Lösung Kandiszucker mit Wasser in einem Topf zum Kochen bringen, kurz aufkochen lassen und abschäumen.

5. Weinessig unterrühren und abkühlen lassen. Die Lösung über die Gurken gießen. Gurken so fest wie möglich in den Steintopf drücken, mit einem Leinentuch zudecken, mit Brett und Stein beschweren. Die Gurken an einen kühlen Ort (Keller) 4–6 Wochen zugedeckt aufbewahren.

6. Oder jeweils Gummiring und Deckel nass auf den gesäuberten Glasrand legen, mit Klammern verschließen. Gläser auf einen Auflagenrost in den Einkochtopf stellen, so viel kaltes Wasser hinzugießen, dass die Gläser zu ¾ im Wasser stehen.

7. Den Topf verschließen. Die Gurken etwa 30 Minuten bei etwa 85 °C einkochen.

TIPPS:

Die Gurken müssen vor dem Verzehr einige Wochen durchziehen, sonst kommt der typisch süßsaure Geschmack nicht heraus.
Kleine Einlegegurken haben Hauptsaison im Spätsommer (Mitte August bis Mitte September). Im Gemüsefach des Kühlschrankes halten sie nur etwa 1–2 Tage, deshalb möglichst gleich weiterverarbeiten.
Wichtig: Gurken nie zusammen mit Tomaten oder Obst lagern. Durch deren Äthylenausscheidung reifen sie nach und werden gelb.
Große Mengen an Perlzwiebeln kann man am besten schälen, wenn man sie zuvor etwa 10 Sekunden in kochendem Wasser blanchiert. Danach Perlzwiebeln in einem Sieb abgießen und mit kaltem Wasser übergießen. Die Haut lässt sich dann ganz einfach mit den Fingern abstreifen.

ESSIGKNOBLAUCH, EINGELEGT

Zubereitungszeit: 45 Minuten
Einkochzeit: etwa 30 Minuten
Durchziehzeit: 2–3 Wochen
Haltbarkeit: kühl und dunkel gestellt mindestens 6–9 Monate

ZUTATEN FÜR 4 GLÄSER JE ETWA 500 ML

8–10 Knoblauchknollen (400–500 g)
8–10 kleine Zwiebeln (300–350 g)
8 frische grüne und rote Chilischoten
500 ml Apfelessig
500 ml Gemüsebrühe
125 g brauner Zucker
1 gestr. EL Salz
4 kleine Stängel Rosmarin
4 Zimtstangen
4 Lorbeerblätter
8 Gewürznelken

INSGESAMT:

E: 34 g, F: 2 g, Kh: 265 g, kcal: 1316

1. Knoblauchknollen in einzelne Zehen teilen. Knoblauchzehen und Zwiebeln abziehen. Die Zwiebeln senkrecht vierteln. Chilischoten abspülen und abtrocknen.

2. Knoblauchzehen, Zwiebelstücke, Essig, Brühe, Zucker und Salz in einem Topf zum Kochen bringen. Knoblauch und Zwiebeln darin bei schwacher Hitze etwa 10 Minuten kochen lassen.

3. In der Zwischenzeit eine Fettpfanne zur Hälfte mit Wasser füllen und in den Backofen schieben.

4. Den Backofen vorheizen.
Ober-/Unterhitze: etwa 120 °C
Heißluft: etwa 100 °C

5. Rosmarin abspülen und trocken tupfen. Chilischoten, Zimtstangen, Lorbeerblätter, Nelken und Rosmarinstängel gleichmäßig in 4 vorbereitete Gläser verteilen. Die noch heißen Knoblauchzehen und Zwiebelstücke mit der Flüssigkeit in die Gläser füllen, sodass die Zutaten ganz bedeckt sind. Die Gläser sofort mit Twist-off-Deckeln® verschließen.

6. Die Gläser in die vorbereitete Fettpfanne stellen. Den Essigknoblauch etwa 30 Minuten einkochen (sterilisieren).

7. Den Essigknoblauch vor dem Servieren 2–3 Wochen ziehen lassen. Essigknoblauch kühl und dunkel stellen.

ESSIGPFLAUMEN

Zubereitungszeit: 70 Minuten, ohne Abkühlzeit
Haltbarkeit: kühl und dunkel gestellt etwa 6 Monate

ZUTATEN FÜR 3 GLÄSER JE ETWA 1 L

3 kg Pflaumen

FÜR DIE ESSIG-ZUCKER-LÖSUNG:

500 ml Weißweinessig (5 % Säure)
250 ml Wasser
1 kg Zucker
1 Stück Zimtstange
4–5 Gewürznelken
Schale von ½ Bio-Zitrone (unbehandelt, ungewachst)
1 Pck. Einmach-Hilfe

INSGESAMT:

E: 19 g, F: 6 g, Kh: 1282 g, kcal: 5434

1. Pflaumen abspülen, abtropfen lassen, trocken reiben und mit einem Holzstäbchen einige Male einstechen.

2. Für die Essig-Zucker-Lösung Essig mit Wasser, Zucker, Zimtstange, Nelken und Zitronenschale zum Kochen bringen. Pflaumen darin portionsweise etwa 5 Minuten gar kochen lassen.

3. Pflaumen mit einem Schaumlöffel herausnehmen, in einem Sieb gut abtropfen lassen und in vorbereitete Gläser geben.

4. Den Pflaumensaft dick einkochen lassen. Den Topf von der Kochstelle nehmen, Einmach-Hilfe unterrühren. Den Saft über die Pflaumen gießen und erkalten lassen. Die Gläser mit Twist-off-Deckeln® verschließen.

FEIGEN-CHUTNEY

Zubereitungszeit 15 Minuten
Garzeit: etwa 20 Minuten
Haltbarkeit: kühl, dunkel und trocken gestellt 3–4 Monate
▲ Mit Alkohol

ZUTATEN FÜR 5 GLÄSER JE ETWA 200 ML

etwa 250 g rote Zwiebeln
500 g frische, reife Feigen
1 EL Sonnenblumenöl
½ TL Chilipulver
1 Msp. gem. Zimt
Salz
100 g brauner Zucker
75 ml dunkler Balsamico-Essig
75 ml Rotwein

INSGESAMT:

E: 9 g, F: 13 g, Kh: 190 g, kcal: 1017

1. Zwiebeln abziehen und in feine Würfel schneiden. Feigen abspülen, gut abtropfen lassen, entstielen und in kleine Stücke schneiden.

2. Sonnenblumenöl in einem Topf erhitzen. Die Zwiebelwürfel darin mit Chili, Zimt und etwas Salz 4–5 Minuten goldgelb andünsten.

3. Zucker hinzugeben und schmelzen lassen. Vorbereitete Feigenstücke unterrühren und kurz mitdünsten lassen, mit Essig und Rotwein ablöschen.

4. Die Masse etwa 15 Minuten bei schwacher bis mittlerer Hitze kochen lassen, dabei hin und wieder umrühren.

5. Das Chutney mit Salz abschmecken und sofort randvoll in vorbereitete Gläser füllen. Die Gläser sofort mit Twist-off-Deckeln® verschließen, umdrehen und etwa 5 Minuten auf den Deckeln stehen lassen.

TIPPS:

Passt zu kräftigem Käse.
Kann als Brotaufstrich, Dip oder zu gegrilltem Fleisch und Gemüse gereicht werden.

REZEPTVARIANTE:

Für ein **Pflaumen-Chutney** (etwa 6 Gläser je 200 ml) 900 g Pflaumen (vorbereitet gewogen) abspülen, abtropfen lassen, entstielen, halbieren, entsteinen und vierteln. 50 g Walnusskerne hacken. Die vorbereiteten Zutaten mit 100 g Korinthen, 175 ml Balsamico-Essig, 150 ml Rotwein und ½ Pck. (250 g) Extra Gelier Zucker 2:1 in einen Kochtopf geben, unter Rühren zum Kochen bringen und etwa 5 Minuten kochen lassen, dabei ab und zu umrühren. Das Chutney nach Belieben mit Zimt abschmecken, sofort randvoll in vorbereitete Gläser füllen, mit Twist-off-Deckeln® verschließen, umdrehen und etwa 5 Minuten auf den Deckeln stehen lassen.

FEIGEN-FRUCHTAUFSTRICH

Zubereitungszeit: 40 Minuten
Haltbarkeit: kühl und dunkel gestellt etwa 1 Jahr
▲ Mit Alkohol

ZUTATEN FÜR 4 GLÄSER JE ETWA 200 ML

300 g frische, reife, blaue Feigen (etwa 5 Stück, vorbereitet gewogen)
1 Zitrone
etwa 450 ml Apfelsaft (Handelsware)
200 ml Portwein
350 g brauner Zucker, Fruchtzucker oder Sorbit* (oder 25 ml Flüssigsüße)
1 Beutel Gelfix Super 3:1 (25 g)

INSGESAMT:

E: 6 g, F: 3 g, Kh: 469 g, kcal: 2188

1. Die Feigen waschen, abtropfen lassen, entstielen, schälen, in kleine Stücke schneiden und 300 g abwiegen. Zitrone halbieren und den Saft auspressen. Zitronensaft mit Apfelsaft auf 500 ml auffüllen.

2. Feigenstücke, Portwein und die Zitronen-Apfelsaft-Mischung in einen großen Kochtopf geben. Süßungsmittel mit Gelfix Super mischen, dann mit der Fruchtmasse verrühren (oder Früchte, Portwein, Zitronensaft und Apfelsaft in einen großen Kochtopf geben, mit Flüssigsüße und Gelfix Super gut verrühren.)

3. Alles unter Rühren bei starker Hitze zum Kochen bringen und unter ständigem Rühren mindestens 3 Minuten sprudelnd kochen lassen. Topf von der Kochstelle nehmen.

4. Kochgut eventuell abschäumen und sofort randvoll in vorbereitete Gläser füllen. Die Gläser mit Twist-off-Deckeln® verschließen, umdrehen und etwa 5 Minuten auf den Deckeln stehen lassen.

TIPPS:

Statt frischer Feigen können Sie auch 120 g getrocknete Feigen und zusätzlich 200 ml Apfelsaft mehr verwenden.
Statt Portwein können Sie auch Sherry oder mehr Apfelsaft nehmen.

* Diabetiker sollen Zuckeraustauschstoffe verwenden.

FEIGEN-WEINTRAUBEN-KONFITÜRE MIT ROTWEIN

Zubereitungszeit: 40 Minuten
Haltbarkeit: kühl und dunkel gestellt 3–4 Monate
▲ Mit Alkohol

ZUTATEN FÜR 7 GLÄSER JE ETWA 200 ML

1 kg frische, reife, blaue Feigen (vorbereitet gewogen, etwa 12 Stück je etwa 100 g)
300 g kernlose, blaue Weintrauben (vorbereitet gewogen)
100 ml Rotwein
100 ml Cassislikör (Schwarzer Johannisbeerlikör)
500 g Super Gelierzucker 3:1

INSGESAMT:

E: 15 g, F: 6 g, Kh: 696 g, kcal: 3125

1. Die Feigen abspülen, abtropfen lassen, entstielen, schälen, in kleine Stücke schneiden und 1 kg abwiegen. Die Weintrauben abspülen, gut abtropfen lassen, entstielen, halbieren, in Stücke schneiden und 300 g abwiegen.

2. Vorbereitete Fruchtstücke mit Wein und Likör in einen großen Kochtopf geben, mit Super Gelierzucker verrühren. Die Zutaten unter Rühren bei starker Hitze zum Kochen bringen und unter ständigem Rühren mindestens 3 Minuten sprudelnd kochen lassen. Den Topf von der Kochstelle nehmen.

3. Das Kochgut evtl. abschäumen und sofort randvoll in vorbereitete Gläser füllen.

4. Die Gläser mit Twist-off-Deckeln® verschließen, umdrehen und etwa 5 Minuten auf den Deckeln stehen lassen.

FENCHEL-ORANGEN-KONFITÜRE MIT ROSA PFEFFERBEEREN

Zubereitungszeit: 30 Minuten
Haltbarkeit: kühl und dunkel gestellt 2–3 Monate

ZUTATEN FÜR 4 GLÄSER JE ETWA 200 ML

2–3 Fenchelknollen (etwa 500 g)
100 ml frisch gepresster Orangensaft
1 geh. TL rosa Pfefferbeeren
250 g Extra Gelierzucker 2:1

INSGESAMT:

E: 7 g, F: 1 g, Kh: 268 g, kcal: 1137

1. Von den Fenchelknollen die Stiele dicht oberhalb der Knollen abschneiden. Das Fenchelgrün abspülen, trocken tupfen, fein schneiden und ½ Teelöffel davon beiseitelegen. Fenchelknollen putzen, abspülen, abtropfen lassen und 400 g davon abwiegen. Fenchel in sehr kleine Würfel schneiden.

2. Die Fenchelwürfel mit Orangensaft, beiseitegelegtem Fenchelgrün, rosa Pfefferbeeren und Gelierzucker in einem Kochtopf gut verrühren.

3. Die Zutaten unter Rühren bei starker Hitze zum Kochen bringen und unter ständigem Rühren mindestens 3 Minuten sprudelnd kochen lassen. Den Kochtopf von der Kochstelle nehmen.

4. Das Kochgut evtl. abschäumen und sofort randvoll in vorbereitete Gläser füllen. Gläser mit Twist-off-Deckeln® verschließen, umdrehen und etwa 5 Minuten auf den Deckeln stehen lassen.

TIPPS:

Die Konfitüre zu gebeiztem oder geräuchertem Lachs servieren.
Sie schmeckt auch ausgezeichnet zu kräftigen Käsesorten oder als pikante Beilage zu gegrilltem Hähnchen, Lamm oder Steaks.
Statt rosa Pfefferbeeren zerdrückten Koriander verwenden.

GELBE PFLAUMENKONFITÜRE

Zubereitungszeit: 70 Minuten
Haltbarkeit: kalt und dunkel gestellt etwa 1 Jahr
▲ Mit Alkohol

ZUTATEN FÜR 7–8 GLÄSER JE ETWA 200 ML

1 kg gelbe Pflaumen (von etwa 1,4 kg Pflaumen, vorbereitet gewogen)
2 EL Zitronensaft
1 Beutel Gelfix Classic 1:1 (20 g)
1150 g Zucker
1 TL gem. Zimt
4 EL Zwetschgenwasser

INSGESAMT:

E: 6 g, F: 2 g, Kh: 1258 g, kcal: 5224

1. Pflaumen abspülen, trocken reiben, halbieren, entsteinen und 1 kg abwiegen. Die Hälfte der Pflaumen grob, die andere Hälfte klein würfeln.

2. Die grob gewürfelten Pflaumen pürieren. Pflaumenwürfel und -püree mit Zitronensaft in einen großen Kochtopf geben.

3. Gelfix Classic zuerst mit 2 Esslöffeln der abgewogenen Zuckermenge mischen, dann mit der Pflaumenmasse gut verrühren.

4. Das Kochgut unter Rühren bei starker Hitze zum Kochen bringen. Sobald alles bei ständigem Rühren sprudelnd kocht, restlichen Zucker hinzufügen.

5. Alles unter Rühren wieder zum Kochen bringen und unter ständigem Rühren mindestens 3 Minuten sprudelnd kochen lassen. Zimt unterrühren.

6. Den Topf von der Kochstelle nehmen. Zwetschgenwasser unterrühren.

7. Das Kochgut evtl. abschäumen und sofort randvoll in vorbereitete Gläser füllen.

8. Die Gläser mit Twist-off-Deckeln® verschließen, umdrehen und etwa 5 Minuten auf den Deckeln stehen lassen.

TIPPS:

Für eine alkoholfreie Variante können Sie das Zwetschgenwasser durch die gleiche Menge Orangensaft ersetzen.
Schön sieht die Konfitüre aus, wenn Sie diese vor dem Abfüllen mit 1 Esslöffel frische unbehandelte Lavendelblüten versetzen.
Die Konfitüre schmeckt gut zu Vanilleeis mit Schokoladensauce.
Statt gelber Pflaumen können auch Renekloden verwendet werden.

GEMÜSE
RELISH

GEMÜSERELISH

Zubereitungszeit: 70 Minuten
Haltbarkeit: kühl und dunkel gestellt etwa 6 Monate

ZUTATEN FÜR 6 GLÄSER JE ETWA 200 ML

400 g Gemüsezwiebeln (von etwa 2 Gemüsezwiebeln, vorbereitet gewogen)
je 200 g rote und grüne Paprikaschoten (von etwa 500 g Paprikaschoten, vorbereitet gewogen)
400 g Zucchini (von etwa 500 g Zucchini, vorbereitet gewogen)
2 Knoblauchzehen
6 EL Olivenöl
200 g Fleischtomaten (von etwa 300 g Tomaten, vorbereitet gewogen)
375 ml Weißweinessig
200 ml Tomatensaft
2 EL Tomatenmark
2 gestr. TL Salz
2 gestr. EL Paprikapulver edelsüß
1 gestr. TL Currypulver
gem. Pfeffer
Cayennepfeffer
500 g Extra Gelierzucker 2:1

INSGESAMT:

E: 25 g, F: 65 g, Kh: 560 g, kcal: 3004

1. Gemüsezwiebeln abziehen, in kleine Würfel schneiden und 400 g abwiegen. Paprikaschoten halbieren, entstielen, entkernen und die weißen Scheidewände entfernen. Schoten abspülen, trocken tupfen, in kleine Würfel schneiden und insgesamt 400 g abwiegen.

2. Zucchini abspülen, abtrocknen und die Enden abschneiden. Zucchini längs halbieren, in kleine Würfel schneiden und 400 g abwiegen. Knoblauch abziehen und klein würfeln. Olivenöl in einem Topf erhitzen. Vorbereitete Gemüsewürfel darin evtl. portionsweise einige Minuten andünsten.

3. Tomaten kreuzweise einschneiden und mit kochendem Wasser übergießen. Nach 1–2 Minuten herausnehmen und mit kaltem Wasser abschrecken. Tomaten häuten, halbieren, entkernen und die Stängelansätze herausschneiden. Tomatenhälften in Würfel schneiden und 200 g abwiegen.

4. Tomatenwürfel mit Essig, Tomatensaft, -mark, Salz, Paprika, Curry, Pfeffer, Cayennepfeffer und Extra Gelierzucker zu den angedünsteten Gemüsewürfeln in den Topf geben, unter Rühren zum Kochen bringen und etwa 15 Minuten kochen lassen, dabei ab und zu umrühren.

5. Nach Belieben die Gemüsemasse nach dem Kochen so lange pürieren, bis die Hälfte musig ist. Dann gut verrühren und nochmals aufkochen lassen.

6. Relish sofort randvoll in vorbereitete Gläser füllen. Gläser mit Twist-off-Deckeln® verschließen, umdrehen und etwa 5 Minuten auf den Deckeln stehen lassen.

GEWÜRZBIRNEN MIT ROTEM PFEFFER

◷ Zubereitungszeit: 35 Minuten,
ohne Durchziehzeit
Einkochzeit: etwa 30 Minuten
Haltbarkeit: gekühlt 2–3 Monate
▲ Mit Alkohol

ZUTATEN FÜR 4 GLÄSER JE ETWA 500 ML

1 ¾ kg kleine reife Birnen
400 ml Weißweinessig
½ EL Koriandersamen
½ EL Kreuzkümmel
1 Bio-Orange (unbehandelt, ungewachst)
375 ml Weißwein
2 EL Sherry
100 g flüssiger Honig
125 g Zucker
½ TL Salz
1 EL eingelegte rote Pfefferkörner

INSGESAMT:

E: 11 g, F: 7 g, Kh: 376 g, kcal: 1888

1. Birnen schälen, halbieren, entkernen, in 400 ml Weinessig legen und etwa 7 Stunden durchziehen lassen.

2. Koriander und Kreuzkümmel in einer Pfanne ohne Fett kurz rösten und herausnehmen.

3. Orange heiß abwaschen, abtrocknen und die Schale dünn raspeln oder hauchdünn schälen.

4. Wein, Sherry, Honig, Zucker, Salz, Koriander, Kreuzkümmel, Pfefferkörner und Orangenschale in einem Topf zum Kochen bringen und abschmecken, eventuell nachsalzen.

5. Birnenhälften in vorbereitete Einkochgläser schichten, mit dem heißen Sud übergießen.

6. Jeweils Gummiring und Deckel nass auf den gesäuberten Glasrand legen, mit Bügel oder Feder verschließen. Gläser auf einem Einsatz in den Einkochtopf stellen, so viel kaltes Wasser hinzugießen, dass die Gläser zu ¾ von Wasser umgeben sind.

7. Den Topf verschließen. Die Birnen etwa 30 Minuten bei etwa 90 °C einkochen (besonders harte Birnen etwa 45 Minuten einkochen).

8. Die Gläser mit den Birnen herausnehmen und erkalten lassen.

GEWÜRZGURKEN

Zubereitungszeit: 60 Minuten, ohne Einlegzeit
Durchziehzeit: mindestens 3 Wochen
Haltbarkeit: gekühlt etwa 6 Monate

ZUTATEN FÜR 3 GLÄSER JE ETWA 1 L

2 kg nicht zu große Einlegegurken
500 ml Wasser
etwa 40 g Salz
3–4 Zwiebeln oder Perlzwiebeln (etwa 185 g)
40 g frischer Meerrettich
4–5 Zweige Dill
2–3 Zweige Estragon
2 frische rote Pfefferschoten
1 EL Senfkörner
½ EL Pfefferkörner
2–3 Lorbeerblätter

FÜR DIE ESSIG-ZUCKER-LÖSUNG:

500 ml Weißweinessig
750 ml Wasser
150 g Zucker
½ Pck. Einmach-Hilfe

INSGESAMT:

E: 22 g, F: 9 g, Kh: 209 g, kcal: 1110

1. Die Gurken gründlich waschen und in eine Schüssel geben. Wasser mit Salz verrühren, über die Gurken gießen und 12–24 Stunden an einem kühlen Ort stehen lassen.

2. Gurken aus dem Salzwasser nehmen, gut abbürsten und abspülen. Gurken einzeln mit einem Tuch abtrocknen und die schlechten Stellen entfernen.

3. Zwiebeln abziehen und in Scheiben schneiden. Meerrettich schälen und in Stücke schneiden. Dill- und Estragonzweige abspülen, trocken tupfen. Pfefferschoten waschen, abtrocknen und in Scheiben schneiden.

4. Gurken abwechselnd mit den vorbereiteten Zutaten, Senfkörnern, Pfefferkörnern und Lorbeerblättern in vorbereitete Gläser schichten.

5. Für die Essig-Zucker-Lösung Essig mit Wasser und Zucker in einem Topf zum Kochen bringen. Topf von der Kochstelle nehmen, Einmach-Hilfe unterrühren. So viel von der Essig-Zucker-Lösung über die Gurken gießen, dass sie gut bedeckt sind.

6. Die Gläser sofort mit Twist-off-Deckeln® verschließen, an einem kühlen Ort (im Keller) mindestens 3 Wochen vor dem Verzehr durchziehen lassen.

GRANATAPFELGELEE MIT BIONADE UND KOKOS

Zubereitungszeit: 35 Minuten
Haltbarkeit: kühl und dunkel gestellt 3–4 Monate

ZUTATEN FÜR 4 GLÄSER JE ETWA 200 ML

400 ml Granatapfel-Mehrfruchtgetränk
330 ml Bionade Ingwer Orange (Biologisches Erfrischungsgetränk)
20 g Kokosraspel
4 Stängel Minze
400 g Zucker
1 Beutel Gelfix Extra 2:1 (25 g)
1 Pck. Zitronensäure (5 g)

INSGESAMT:

E: 5 g, F: 13 g, Kh: 481 g, kcal: 2091

1. Granatapfelsaft mit Bionade Ingwer Orange und Kokosraspeln in einen großen Kochtopf geben. Minze abspülen und trocken tupfen. Die Blättchen von den Stängeln zupfen. Große Blättchen halbieren.

2. Die abgewogene Zuckermenge mit Gelfix Extra mischen, zu dem Saft in den Topf geben und gut verrühren. Die Zutaten unter Rühren bei starker Hitze zum Kochen bringen und unter ständigem Rühren mindestens 3 Minuten sprudelnd kochen lassen. Die Zitronensäure unterrühren und den Topf von der Kochstelle nehmen.

3. Das Kochgut evtl. abschäumen. Minzeblättchen in den vorbereiteten Gläsern verteilen. Den heißen Saft sofort randvoll in die Gläser füllen.

4. Die Gläser mit Twist-off-Deckeln® verschließen, umdrehen und etwa 5 Minuten auf den Deckeln stehen lassen.

5. Die Gläser während des Erkaltens gelegentlich umdrehen, damit sich die Kokosraspel und Minzeblättchen gleichmäßig verteilen.

TIPPS:

Statt 400 ml Granatapfel-Mehrfruchtgetränk 100 ml Grenadine-Sirup und 300 ml Granatapfel-Mehrfruchtgetränk verwenden.
Das Granatapfelgelee schmeckt sehr gut zu geräucherter Entenbrust oder Ziegenkäse.

GRANATAPFELLIKÖR

Zubereitungszeit: 30 Minuten
Durchziehzeit: etwa 6 Wochen
Haltbarkeit: gekühlt 4–5 Monate
▲ Mit Alkohol

ZUTATEN FÜR 2 FLASCHEN JE ETWA 700 ML

4 Granatäpfel
2 kleine Chilischoten
300 g weißer Kandis
4 Pimentkörner
700 ml Weizenkorn (1 Flasche, 38 Vol.-%)

INSGESAMT:

E: 3 g, F: 3 g, Kh: 339 g, kcal: 2881

1. Granatäpfel auf der Arbeitsfläche mit der Handinnenseite mit etwas Druck ausrollen, sodass ein leichtes Knacken im Inneren zu hören ist. Granatäpfel halbieren, mit der Schnittfläche nach unten in die Hand legen und die Finger dabei leicht spreizen. Dann über einer Schüssel mit dem Messerrücken rundherum auf den Granatapfel klopfen. Dabei lösen sich die Granatapfelkerne und fallen, durch die gespreizten Finger der Hand in die Schüssel. Den Saft dabei auffangen.

2. Chilischoten abspülen, abtropfen lassen, entstielen und mit einem kleinen Messer rundherum einstechen. Granatapfelkerne und -saft mit Kandis, den vorbereiteten Chilischoten und Pimentkörnern gleichmäßig auf 2 gründlich gereinigte, gespülte Flaschen verteilen und mit dem Weizenkorn auffüllen.

3. Die Flaschen verschließen, vorsichtig schütteln, an einen kühlen dunklen Ort stellen und etwa 6 Wochen durchziehen lassen, bis sich der Kandis vollständig aufgelöst hat. Die Flaschen ab und zu vorsichtig schütteln.

4. Den Likör nach Belieben durch ein feines Sieb gießen, wieder in eine gründlich gereinigte, gespülte, große Flasche oder in kleine Flaschen umfüllen, fest verschließen und im Kühlschrank aufbewahren.

TIPP:

Nach dem Öffnen innerhalb der nächsten 1–2 Wochen verbrauchen.

REZEPTVARIANTE:

Für **Brombeerlikör** (etwa 0,7 Liter) 60 ml Wasser mit 150 g Zucker in einem Topf zum Kochen bringen und kurz aufkochen. Die Zuckerlösung erkalten lassen. 200 g Brombeeren verlesen, abspülen, gut abtropfen lassen und evtl. entstielen. Die Brombeeren in ein gründlich gereinigtes, gespültes Glas füllen. Zuckerlösung und 250 ml Wodka (40 Vol.-%) zu den Brombeeren in das Glas gießen. 1 Zimtstange hinzufügen und umrühren. Das Glas mit einem Deckel fest verschließen. Den Ansatz kühl und dunkel gestellt 6–8 Wochen durchziehen lassen. Nach der Durchziehzeit den Likör in eine gründlich gereinigte, gespülte Flasche abfiltern. Die Flasche mit einem Flaschenverschluss fest verschließen. Den Likör kühl und dunkel gestellt aufbewahren.

GRAPEFRUIT IN WODKA UND APEROL

Zubereitungszeit: 20 Minuten
Garzeit: 15–20 Minuten
Durchziehzeit: etwa 1 Monat
Haltbarkeit: gekühlt etwa 6 Monate
▲ Mit Alkohol

ZUTATEN FÜR 2 GLÄSER JE ETWA 1 L

180 g Zucker
600 ml Wasser
1 kg Bio-Grapefruits (unbehandelt)
etwa 300 ml Wodka (40 Vol.-%)
150 ml Aperol (Bitterlikör)

INSGESAMT:

E: 2 g, F: 0 g, Kh: 210 g, kcal: 1875

1. Zucker mit Wasser in einem Topf unter Rühren erhitzen, so lange weiterrühren, bis sich der Zucker aufgelöst hat. Grapefruits gründlich heiß abwaschen, abtropfen lassen und jeweils quer in 6 Scheiben schneiden. Gründlich gereinigte, gespülte Gläser im Backofen bei niedriger Temperatur vorwärmen.

2. Grapefruitscheiben in die Zuckerlösung geben und 15–20 Minuten bei schwacher Hitze kochen lassen. Anschließend die Grapefruitscheiben mit einer langen Pinzette oder einer Schaumkelle aus der Zuckerlösung nehmen und in die vorgewärmten Gläser geben. Jeweils mit etwas Wodka und Aperol übergießen und mit der Zuckerlösung auffüllen. Gläser sofort fest verschließen.
Gläser kurz auf den Kopf stellen, damit sich die Flüssigkeiten verbinden. Etwa 1 Monat an einem kühlen und dunklen Ort (am besten im Keller) durchziehen lassen.

TIPPS:

Der Likör schmeckt zu griechischem Joghurt, Grießpudding oder Desserts mit Weihnachtsgewürzen.
Nach Belieben können Sie Aperol durch Grand Manier oder Cointreau ersetzen, dann schmeckt der Likör nicht so bitter.

GRAPEFRUIT-CASSIS-MARMELADE

Zubereitungszeit: 30 Minuten
Haltbarkeit: kühl und dunkel gestellt 6–8 Monate

ZUTATEN FÜR 3–4 GLÄSER JE ETWA 400 ML

etwa 5 Pink Grapefruits (etwa 1 ½ kg)
175 ml schwarzer Johannisbeersaft (Direktsaft, z. B. aus dem Reformhaus)
500 g Extra Gelierzucker 2:1
2 ½ EL Mandel-Aromasirup
1 Pck. Zitronensäure (5 g)

INSGESAMT:

E: 7 g, F: 2 g, Kh: 603 g, kcal: 2588

1. Die Grapefruits so schälen, dass die weiße Haut vollständig entfernt wird. Grapefruits filetieren, dabei den Saft auffangen. 800 g Grapefruitfilets mit Saft abwiegen, mit dem Johannisbeersaft in einen großen Topf geben.

2. Gelierzucker mit Sirup und Zitronensäure in den Topf geben und unterrühren. Alles unter Rühren bei starker Hitze zum Kochen bringen und unter ständigem Rühren mindestens 3 Minuten sprudelnd kochen lassen. Den Kochtopf von der Kochstelle nehmen.

3. Das Kochgut evtl. abschäumen und sofort randvoll in vorbereitete Gläser füllen. Die Gläser mit Twist-off-Deckeln® verschließen, umdrehen und anschließend etwa 5 Minuten auf den Deckeln stehen lassen.

GRAPEFRUIT-ORANGEN-MARMELADE

Zubereitungszeit: 50 Minuten
Haltbarkeit: kühl und dunkel gestellt etwa 1 Jahr

ZUTATEN FÜR 7 GLÄSER JE ETWA 200 ML

4 Pink Grapefruits (etwa 1,3 kg)
2–3 Orangen (etwa 750 g)
1 Beutel Gelfix Classic 1:1 (20 g)
1150 g Zucker

INSGESAMT:

E: 8 g, F: 2 g, Kh: 1239 g, kcal: 5182

1. Grapefruits und Orangen so schälen, dass die weiße Haut vollständig entfernt wird. Grapefruits und Orangen filetieren und in kleine Stücke schneiden, dabei den Saft auffangen. 600 g Grapefruitstücke und 400 g Orangenstücke jeweils mit Saft abwiegen, in einen großen Kochtopf geben.

2. Gelfix Classic zuerst mit 2 Esslöffeln des Zuckers mischen, dann mit der Fruchtmasse verrühren.

3. Die Zutaten unter Rühren bei starker Hitze zum Kochen bringen. Sobald alles bei ständigem Rühren sprudelnd kocht, restlichen Zucker hinzufügen. Alles unter Rühren wieder zum Kochen bringen und unter ständigem Rühren mindestens 3 Minuten sprudelnd kochen lassen. Topf von der Kochstelle nehmen.

4. Das Kochgut evtl. abschäumen und sofort randvoll in vorbereitete Gläser füllen.

5. Die Gläser mit Twist-off-Deckeln® verschließen, umdrehen und etwa 5 Minuten auf den Deckeln stehen lassen.

REZEPTVARIANTE 1:

Für eine **Grapefruit-Physalis-Konfitüre** 5–6 Pink Grapefruits so schälen, dass die weiße Haut vollständig entfernt wird. Grapefruits filetieren, 800 g abwiegen, in einen großen Kochtopf geben und mit einem Stabmixer pürieren. 200 g Physalis enthäuten, abspülen, gut abtropfen lassen, entstielen und in Viertel schneiden. Mit 500 g Extra Gelierzucker 2:1 zu dem Grapefruitpüree in den Topf geben und gut verrühren. Die Zutaten unter Rühren bei starker Hitze zum Kochen bringen und unter ständigem Rühren mindestens 3 Minuten sprudelnd kochen lassen. Den Topf von der Kochstelle nehmen. Das Kochgut evtl. abschäumen und sofort randvoll in 5 vorbereitete Gläser (je etwa 200 ml) füllen. Die Gläser mit Twist-off-Deckeln® verschließen, umdrehen und etwa 5 Minuten auf den Deckeln stehen lassen. Kühl und dunkel gestellt hält sich die Konfitüre 3–4 Monate.

REZEPTVARIANTE 2:

Für eine **Grapefruit-Bananen-Konfitüre** 5 Grapefruits so schälen, dass die weiße Haut vollständig entfernt wird. Grapefruits filetieren und 500 g abwiegen. 3 kleine Bananen schälen, klein schneiden und 250 g abwiegen. Grapefruit-Filets, Bananenstücke und 300 ml Orangensaft (Handelsware) in einem großen Kochtopf mit 1 Päckchen Extra Gelierzucker 2:1 (500 g) und 1 Päckchen Zitronensäure (5 g) gut verrühren. Alles unter Rühren bei starker Hitze zum Kochen bringen und unter ständigem Rühren mindestens 3 Minuten sprudelnd kochen lassen. Topf von der Kochstelle nehmen. Kochgut eventuell abschäumen und sofort randvoll in vorbereitete Gläser füllen. Gläser mit Twist-off-Deckeln® verschließen, umdrehen und etwa 5 Minuten auf den Deckeln stehen lassen. Kühl und dunkel gestellt hält sich die Konfitüre etwa 1 Jahr.

GRAPEFRUIT-
ORANGEN
MARMELADE

GREEN-SMOOTHIE-KONFITÜRE

Zubereitungszeit: 30 Minuten
Haltbarkeit: kühl und dunkel gestellt 6–8 Monate

ZUTATEN FÜR 3 GLÄSER JE ETWA 400 ML

etwa 125 g Staudensellerie
6–8 mittelgroße Kiwis
3 Pink Grapefruits (etwa 1 kg)
75 ml Limettensaft (von etwa 3 Limetten)
½ TL grünes Matchatee-Pulver
1 Beutel Gelfix Extra 2:1 (25 g)
500 g Zucker

INSGESAMT:

E: 9 g, F: 4 g, Kh: 593 g, kcal: 2598

1. Sellerie putzen und die harten Außenfäden sorgfältig abziehen. Sellerie abspülen und abtropfen lassen. 75 g Sellerie abwiegen, fein würfeln und pürieren.

2. Kiwis schälen, 450 g Fruchtfleisch abwiegen und ebenfalls würfeln.

3. Die Grapefruits so schälen, dass die weiße Haut vollständig entfernt wird. Die Grapefruits filetieren. Die Grapefruitfilets in Stücke schneiden und 450 g abwiegen.

4. Selleriepüree mit Kiwiwürfeln, Grapefruitfiletstücken, Limettensaft und Teepulver in einen großen Topf geben und verrühren. Gelfix Extra und Zucker sorgfältig mischen, zu der Frucht-Sellerie-Mischung geben und gut unterrühren.

5. Die Zutaten unter Rühren bei starker Hitze zum Kochen bringen und unter ständigem Rühren mindestens 3 Minuten sprudelnd kochen lassen. Anschließend den Kochtopf von der Kochstelle nehmen.

6. Das Kochgut evtl. abschäumen und sofort randvoll in vorbereitete Gläser füllen.

7. Die Gläser mit Twist-off-Deckeln® verschließen, umdrehen und etwa 5 Minuten auf den Deckeln stehen lassen.

GRÜNE OLIVEN IN ÖL

Zubereitungszeit: 25 Minuten
Durchziehzeit: etwa 2 Wochen
Haltbarkeit: kühl und dunkel gestellt 6–9 Monate

ZUTATEN FÜR 2 GLÄSER JE ETWA 400 ML

320 g grüne Oliven (aus dem Glas)
1 TL Fenchelsamen
4 Knoblauchzehen
1 Bio-Zitrone
(unbehandelt, ungewachst)
3 Zweige frischer Thymian
etwa 400 ml Olivenöl

INSGESAMT:

E: 5 g, F: 441 g, Kh: 13 g, kcal: 4000

1. Oliven abspülen und trocken tupfen. Oliven mit einem Fleischklopfer oder mit der Unterseite eines dicken Glases leicht aufschlagen und jeweils den Stein entfernen.

2. Fenchelsamen leicht zerdrücken. Knoblauch abziehen, zerdrücken oder durch eine Knoblauchpresse drücken. Zitrone heiß abwaschen, abtrocknen und einen langen Streifen von der Zitrone abschälen. Thymian abspülen und trocken tupfen.

3. Oliven mit Fenchelsamen, Knoblauch, Zitronenschale und Thymian in vorbereitete Gläser geben. Gläser dabei etwas auf die Arbeitsfläche aufstoßen, damit die Oliven dicht im Glas zusammenrutschen.

4. Die Oliven mit so viel Olivenöl übergießen, dass sie gut bedeckt sind. Die Gläser nochmals vorsichtig aufstoßen, damit Luftblasen entweichen können.

5. Die Gläser mit Twist-off-Deckeln® verschließen. Oliven kalt, dunkel und trocken gestellt etwa 2 Wochen vor dem Verzehr durchziehen lassen. Die Gläser während der Durchziehzeit ab und zu schwenken.

Heidelbeer Likör

HEIDELBEER-KONFITÜRE MIT VANILLE (IM FOTO VORN)

Zubereitungszeit: 20 Minuten, ohne Auftauzeit
Haltbarkeit: kühl und dunkel gestellt etwa 1 Jahr

ZUTATEN FÜR 7 GLÄSER JE ETWA 200 ML

1 kg TK-Heidelbeeren
500 ml Orangensaft
1 Pck. Bourbon-Vanille-Aroma
500 g Super Gelierzucker 3:1

INSGESAMT:

E: 10 g, F: 7 g, Kh: 599 g, kcal: 2586

1. Heidelbeeren nach Packungsanleitung auftauen lassen, dabei den entstehenden Saft auffangen.

2. Die Heidelbeeren mit dem eigenen Saft, Orangensaft und Vanille-Aroma in einem großen Kochtopf mit Super Gelierzucker gut verrühren.

3. Die Zutaten unter Rühren bei starker Hitze zum Kochen bringen und unter ständigem Rühren mindestens 3 Minuten sprudelnd kochen lassen. Den Topf von der Kochstelle nehmen.

4. Das Kochgut evtl. abschäumen und sofort randvoll in vorbereitete Gläser füllen.

5. Die Gläser mit Twist-off-Deckeln® verschließen, umdrehen und etwa 5 Minuten auf den Deckeln stehen lassen.

TIPP:

Anstelle von TK-Heidelbeeren können Sie auch frische Kulturheidelbeeren verwenden. Dann sollten Sie allerdings die Hälfte der Heidelbeeren pürieren.

HEIDELBEERLIKÖR (IM FOTO HINTEN)

Zubereitungszeit: 20 Minuten
Durchziehzeit: etwa 6 Wochen
Haltbarkeit: gekühlt etwa 2 Monate
▲ Mit Alkohol

ZUTATEN FÜR 2 FLASCHEN JE ETWA 700 ML

200–300 g Heidelbeeren
1 Stange Zimt
175 g brauner Kandis
3 Gewürznelken
700 ml Weizenkorn (38 Vol.-%)

INSGESAMT:

E: 0 g, F: 0 g, Kh: 177 g, kcal: 2192

1. Die Heidelbeeren verlesen, vorsichtig abspülen und gut abtropfen lassen. Die Zimtstange etwas zerkleinern.

2. Zu gleichen Teilen die Heidelbeeren mit Kandis, Zimt und Nelken in 2 gründlich gereinigte, gespülte Flaschen geben und mit dem Weizenkorn auffüllen.

3. Die Flaschen verschließen, vorsichtig schütteln, kalt stellen und etwa 6 Wochen durchziehen lassen, bis sich der Kandis vollständig aufgelöst hat. Die Flaschen ab und zu vorsichtig schütteln.

4. Den Likör nach Belieben durch ein feines Sieb gießen, wieder in eine gründlich gereinigte, gespülte, große Flasche oder in kleine Flaschen umfüllen, fest verschließen und kalt gestellt aufbewahren.

HERBSTGELEE, SCHNELL

Zubereitungszeit: 15 Minuten
Haltbarkeit: kühl und dunkel gestellt etwa 1 Jahr

ZUTATEN FÜR 6 GLÄSER JE ETWA 200 ML

400 ml heller Traubensaft (Handelsware)
400 ml Birnennektar (Handelsware)
450 ml Apfelsaft (Handelsware)
500 g Super Gelierzucker 3:1

INSGESAMT:

E: 3 g, F: 1 g, Kh: 663 g, kcal: 2723

1. Traubensaft, Birnennektar und Apfelsaft in einem großen Kochtopf mit Super Gelierzucker gut verrühren. Alles unter Rühren bei starker Hitze zum Kochen bringen und unter ständigem Rühren mindestens 3 Minuten sprudelnd kochen lassen. Topf von der Kochstelle nehmen.

2. Kochgut eventuell abschäumen und sofort randvoll in vorbereitete Gläser füllen. Gläser mit Twist-off-Deckeln® verschließen, umdrehen und etwa 5 Minuten auf den Deckeln stehen lassen.

TIPP:

Sie können die Säfte auch im Dampfentsafter selbst pressen. Verwenden Sie dann möglichst Früchte mit kräftigem Eigengeschmack und ausreichend Säure, z. B. von Streuobstwiesen.

HIMBEER-APRIKOSEN-LIKÖR

Zubereitungszeit: 40 Minuten, ohne Abkühlzeit
Durchziehzeit: etwa 6 Wochen
Haltbarkeit: gekühlt etwa 6 Monate
▲ Mit Alkohol

ZUTATEN FÜR 1 GROSSES GLAS ETWA 2 L

300 ml Wasser
700 g Zucker
1,1 l Doppelkorn (38 Vol.-%)
600 g frische Himbeeren
600 g Aprikosen (vorbereitet gewogen)

INSGESAMT:

E: 1 g, F: 0,5 g, Kh: 721 g, kcal: 5243

1. Wasser in einem Topf zum Kochen bringen. Zucker hinzufügen und so lange rühren, bis sich der Zucker aufgelöst hat. Anschließend bei mittlerer Hitze etwa 10 Minuten sirupartig einkochen lassen. Topf von der Kochstelle nehmen. 100 ml Doppelkorn abmessen, mit dem Zuckersirup verrühren und erkalten lassen.

2. In der Zwischenzeit Himbeeren verlesen, evtl. kurz abspülen und gut abtropfen lassen. Aprikosen abspülen und trocken tupfen. Aprikosen halbieren, entsteinen und in kleine Stücke schneiden. Himbeeren und Aprikosen in einer flachen Schüssel mit einer Gabel oder einem Kartoffelstampfer zerdrücken und beiseitestellen.

3. Die vorbereiteten Früchte mit Saft, Zuckersirup und dem restlichen Doppelkorn in ein großes, gründlich gereinigtes, gespültes Glas füllen. Das Glas gut verschließen und an einem dunklen, kühlen Ort (am besten im Keller) etwa 6 Wochen durchziehen lassen. Das Glas ab und zu kurz schütteln.

4. Anschließend die Mischung durch ein feines Sieb gießen, den Likör auffangen und in gründlich gereinigte, gespülte Flaschen füllen. Flaschen gut verschließen und im Kühlschrank aufbewahren.

TIPP:

Anstelle von Himbeeren und Aprikosen schmecken auch Erdbeeren und Limetten. Von den Limetten (Bio-Limetten, unbehandelt) die abgeriebene grüne Schale und den Saft verwenden.

HIMBEEREN, SÜSSSAUER

Zubereitungszeit: 15 Minuten
Haltbarkeit: kühl und dunkel gestellt mindestens 6–9 Monate
▲ Mit Alkohol

ZUTATEN FÜR 6 GLÄSER JE ETWA 230 ML

750 g frische Himbeeren (von etwa 850 g Himbeeren, vorbereitet gewogen)
250 ml Apfelessig
50 ml Himbeergeist
1 gestr. EL gem. Zimt
je 1 Msp. gem. Piment, gem. Muskatnuss und gem. Anissamen
500 g Extra Gelierzucker 2:1

INSGESAMT:

E: 11 g, F: 3 g, Kh: 536 g, kcal: 2440

1. Die Himbeeren verlesen, evtl. kurz abspülen, gut trocken tupfen und 750 g abwiegen. Himbeeren mit dem Apfelessig im Mixer oder mit einem Pürierstab pürieren. Himbeergeist und die Gewürze hinzugeben, gut vermischen.

2. Das Fruchtpüree mit Gelierzucker in einem großen Kochtopf gut verrühren. Alles unter Rühren bei starker Hitze zum Kochen bringen und unter ständigem Rühren mindestens 3 Minuten sprudelnd kochen lassen. Den Topf von der Kochstelle nehmen. Kochgut evtl. abschäumen und sofort randvoll in vorbereitete Gläser füllen.

3. Gläser mit Twist-off-Deckeln® verschließen, umdrehen und etwa 5 Minuten auf den Deckeln stehen lassen.

TIPP:

Passt sehr gut als Beilage zu kräftigem Bergkäse, Gegrilltem oder Wildgerichten.

HIMBEERESSIG

(IM FOTO LINKS)

- Zubereitungszeit: 15 Minuten, ohne Auftautzeit
  Durchziehzeit: etwa 2 Wochen
  Haltbarkeit: kühl und dunkel gestellt
  etwa 6 Monate

ZUTATEN FÜR 1 FLASCHE ETWA 500 ML

300 g frische oder TK-Himbeeren
knapp 500 ml Weißweinessig (5 % Säure)

INSGESAMT:

E: 6 g, F: 1 g, Kh: 17 g, kcal: 196

1. Frische Himbeeren verlesen. TK-Himbeeren nach Packungsanleitung auftauen lassen.

2. Himbeeren in eine vorbereitete Flasche mit weitem Hals geben und mit Essig auffüllen. Die Flasche verschließen und etwa 2 Wochen an einem sonnigen Platz (Fenster) oder einem warmen Ort (Küche) stehen lassen. Dabei die Flasche zwischendurch schütteln.

3. Den Essig abgießen, einmal aufkochen und abkühlen lassen. Den Essig wieder über die Himbeeren gießen und die Flasche verschließen.

TIPP:

Himbeeressig eignet sich zum Würzen feiner Salate und Saucen sowie von Wild, Geflügel und Leber.

HIMBEERLIKÖR

(IM FOTO RECHTS)

- Zubereitungszeit: 30 Minuten
  Durchziehzeit: etwa 4 Wochen
  Haltbarkeit: gekühlt 4–6 Monate
- ▲ Mit Alkohol

ZUTATEN FÜR 2 FLASCHEN JE ETWA 500 ML

500 g frische Himbeeren
1 Limette
1 Vanilleschote
0,7 l Doppelkorn (38 Vol.-%)
100 ml Weingeist/Ethanol (hochprozentiger Alkohol aus der Apotheke, 90 Vol.-%)
200 g Zucker

INSGESAMT:

E: 7 g, F: 3 g, Kh: 223 g, kcal: 3019

1. Himbeeren verlesen, kurz abspülen und gut abtropfen lassen. Limette so schälen, dass die weiße Haut mitentfernt wird. Limette in Scheiben schneiden.

2. Himbeeren und Limettenscheiben in ein vorbereitetes Glas (1 ½ l Inhalt) geben. Vanilleschote halbieren und das Mark mit einem Messerrücken herauskratzen. Schote und Mark mit in das Glas geben.

3. Doppelkorn mit Weingeist verrühren, den Zucker darin unter Rühren auflösen. Die Himbeeren mit der Alkoholmischung übergießen. Das Glas mit einem Deckel fest verschließen und im Kühlschrank 4 Wochen durchziehen lassen.

4. Nach der Durchziehzeit die Flüssigkeit in 2 vorbereitete Flaschen abfiltern und die Flaschen gut verschließen.

HIMBEER-NASHI-KONFITÜRE

Zubereitungszeit: 35 Minuten
Haltbarkeit: kühl und dunkel gestellt 3–4 Monate

ZUTATEN FÜR 5 GLÄSER JE ETWA 200 ML

600 g Himbeeren (vorbereitet gewogen)
400 g Nashi-Fruchtfleisch (vorbereitet gewogen, von 2–3 Nashi-Früchten)
500 g Extra Gelierzucker 2:1

INSGESAMT:

E: 10 g, F: 3 g, Kh: 566 g, kcal: 2396

1. Die Himbeeren verlesen, evtl. abspülen, abtropfen lassen, entstielen und 600 g abwiegen. Nashi-Früchte schälen, vierteln, entkernen, in kleine Stücke schneiden und 400 g abwiegen. Vorbereitete Früchte in einen großen Kochtopf geben und mit Extra Gelierzucker gut verrühren.

2. Die Zutaten unter Rühren bei starker Hitze zum Kochen bringen und unter ständigem Rühren mindestens 3 Minuten sprudelnd kochen lassen. Den Topf von der Kochstelle nehmen.

3. Das Kochgut evtl. abschäumen und sofort randvoll in vorbereitete Gläser füllen. Die Gläser mit Twist-off-Deckeln® verschließen, umdrehen und etwa 5 Minuten auf den Deckeln stehen lassen.

TIPPS:

Die Nashi-Frucht wird auch als japanische Birne bezeichnet. Der Geschmack erinnert an Birne. Statt frischer Himbeeren TK-Himbeeren verwenden.

REZEPTVARIANTE:

Für eine **Himbeer-Orangen-Konfitüre** mit ganzen Früchten 500 ml Himbeer- und 125 ml Orangensaft in einen großen Kochtopf geben, mit 500 g Extra Gelierzucker 2:1 und 1 Päckchen Zitronensäure (5 g) gut verrühren. Die Zutaten unter Rühren bei starker Hitze zum Kochen bringen und unter ständigem Rühren mindestens 3 Minuten sprudelnd kochen lassen. Den Topf von der Kochstelle nehmen. 125 g Himbeeren entstielen, kurz abspülen, gut abtropfen lassen und in den Topf geben. Die Masse nochmals kurz aufkochen lassen. Den Topf wieder von der Kochstelle nehmen und die Masse in Gläser füllen. Das Kochgut evtl. abschäumen und sofort randvoll in 4 vorbereitete Gläser (je etwa 200 ml) füllen. Die Gläser mit Twist-off-Deckeln® verschließen, umdrehen und etwa 5 Minuten auf den Deckeln stehen lassen. Die Gläser während des Erkaltens gelegentlich umdrehen, damit sich die Himbeeren gleichmäßig verteilen. Kühl und dunkel gestellt hält sich sich die Konfitüre 2–3 Monate.

HOLUNDERBLÜTENSIRUP

- Zubereitungszeit: 20 Minuten
  Durchziehzeit: 2–3 Tage
  Haltbarkeit: kühl, dunkel und trocken gestellt etwa 1 Jahr

ZUTATEN FÜR ETWA 1500 ML

25–30 Holunderblüten
1 Bio-Zitrone (unbehandelt, ungewachst)
1 Bio-Orange (unbehandelt, ungewachst)
1 kg Zucker
1 l Wasser

INSGESAMT:

E: 1 g, F: 0 g, Kh: 1004 g, kcal: 4087

1. Die Holunderblüten bei Bedarf von kleinen Tierchen befreien. Wenn möglich, nicht abspülen, da sonst zu viel Geschmack (z. B. vom Blütenstaub) herausgewaschen wird.

2. Jeweils den dicken Stiel der Blüten abschneiden, da er zu viele Bitterstoffe enthält.

3. Die Zitrone und die Orange heiß abwaschen, gut abtrocknen und in Scheiben schneiden.

4. Zucker mit Wasser in einem Topf zum Kochen bringen und so lange kochen lassen, bis sich der Zucker aufgelöst hat.

5. In der Zwischenzeit die Holunderblüten mit den Zitronen- und Orangenscheiben in ein verschließbares vorbereitetes, ausreichend großes Glas schichten und mit dem noch heißen Zuckersirup aufgießen. Das Glas mit dem Deckel verschließen und den Sirup 2–3 Tage bei Zimmertemperatur durchziehen lassen.

6. Ein Küchensieb mit einem gut ausgewaschenen Geschirrtuch oder Mulltuch auslegen. Den Sirup durch das Tuch in einen Topf abgießen. Den Sirup nochmals zum Kochen bringen und 2–3 Minuten kochen lassen.

7. Den Sirup noch kochend heiß in vorbereitete Flaschen (mit Dreh- oder Schnappverschluss) füllen und sofort verschließen.

TIPPS:

Da der Sirup sehr konzentriert ist, sollte er in mehreren kleinen Flaschen abgefüllt werden. Es werden immer nur kleine Mengen zum Mischen gebraucht.
Nach dem Öffnen im Kühlschrank lagern und innerhalb der nächsten 2 Wochen verbrauchen.
Als Alternative zu Limonade, mit Mineralwasser gemischt, eiskalt servieren.
Den Holunderblütensirup für einen „Hugo“ verwenden.
Für einen **„Hugo“** (für 1 Glas) 4 Minzeblätter kurz abspülen, trocken tupfen, in ein großes Weinglas geben und mit einem Holzstößel etwas zerdrücken. 2 cl Holunderblütensirup, 12 cl Prosecco und 6 cl Soda- oder Mineralwasser in das Glas gießen. 4 Eiswürfel hinzufügen. Das Glas mit einer Bio-Limettenscheibe (unbehandelt, ungewachst) garnieren und den „Hugo“ sofort servieren.

POURRI

HOLUNDERSAFT, GEKOCHT

Zubereitungszeit: 30 Minuten
Haltbarkeit: gekühlt etwa 6 Wochen

ZUTATEN FÜR 3 FLASCHEN JE ETWA 500 ML

2 kg Holunderbeerdolden
1250 ml Wasser
750 g–1 kg Zucker
½ Pck. Einmach-Hilfe

INSGESAMT:

E: 14 g, F: 7 g, Kh: 908 g, kcal: 3877

1. Holunderbeerdolden verlesen, gründlich abspülen, gut abtropfen lassen, in einen Kochtopf geben und zerdrücken (am besten mit einem Stampfer). Wasser hinzugießen und zum Kochen bringen.

2. Holunderbeerdolden auf ein gespanntes Safttuch geben und gut ablaufen lassen.

3. Den gewonnenen Saft abmessen, in den gesäuberten Topf gießen, mit Zucker verrühren (auf 1 Liter Saft ¾–1 kg Zucker nehmen), einmal aufkochen lassen und abschäumen. Den Topf von der Kochstelle nehmen. Einmach-Hilfe in den heißen Saft rühren.

4. Den Holundersaft in Flaschen (mit Dreh- oder Schnappverschluss) füllen und heiß verschließen.

TIPPS:

Holunderbeeren werden in Norddeutschland auch als Fliederbeeren bezeichnet.
Holundersaft ist ein altes Hausmittel mit medizinischer Wirkung. Eine warme oder heiße Tasse Holundersaft hilft bei fiebrigen und grippalen Infekten.
Auch vorbeugend eignet sich Holundersaft in der Erkältungszeit gut, da er reichlich Vitamin C enthält.

HOLUNDER-TRAUBEN-GELEE MIT QUITTEN

Zubereitungszeit: 30 Minuten, ohne Entsaftungs- und Abkühlzeit
Haltbarkeit: kühl und dunkel gestellt etwa 1 Jahr

ZUTATEN FÜR 6 GLÄSER JE ETWA 200 ML

500 ml Holunderbeersaft
(ungesüßt, von etwa 1,4 kg Holunderbeerdolden oder Handelsware)
250 g Quitten
(von etwa 2 Quitten, vorbereitet gewogen)
500 ml heller Traubensaft
(ungesüßt, Handelsware)
500 g Super Gelierzucker 3:1

INSGESAMT:

E: 8 g, F: 12 g, Kh: 625 g, kcal: 2675

1. Die Holunderbeerdolden gründlich abspülen, abtropfen lassen und mithilfe eines Schnellkochtopfes oder Dampfentsafters Saft gewinnen (Gebrauchsanleitung des Geräteherstellers beachten). Saft abkühlen lassen und 500 ml abmessen.

2. Von den Quitten den Flaum mit einem trockenen Tuch abreiben. Quitten abspülen, abtropfen lassen, halbieren, Kerne und Blütenansätze entfernen. Quittenhälften in kleine Stücke schneiden und 250 g abwiegen.

3. Holunder-, Traubensaft und Quittenstücke in einem großen Kochtopf mit Super Gelierzucker gut verrühren.

4. Die Zutaten unter Rühren bei starker Hitze zum Kochen bringen und unter ständigem Rühren mindestens 3 Minuten sprudelnd kochen lassen. Den Topf von der Kochstelle nehmen.

5. Das Kochgut evtl. abschäumen und sofort randvoll in vorbereitete Gläser füllen. Gläser mit Twist-off-Deckeln® verschließen, umdrehen und etwa 5 Minuten auf den Deckeln stehen lassen.

6. Die Gläser während des Erkaltens gelegentlich umdrehen, damit sich die Quittenstücke besser verteilen.

REZEPTVARIANTE 1:

Holunder-Weißwein-Gelee
Bereiten Sie das Gelee statt mit Traubensaft mit Weißwein zu.

REZEPTVARIANTE 2:

Holunder-Trauben-Gelee mit Birnen
Ersetzen Sie die Quittenstücke durch Birnenstücke, die Birnen jedoch vorher schälen.

INGWERGELEE

Zubereitungszeit: 35 Minuten
Garzeit: etwa 30 Minuten
Haltbarkeit: kühl und dunkel gestellt etwa 1 Jahr

ZUTATEN FÜR 5–6 GLÄSER JE ETWA 200 ML

150 g Ingwer (vorbereitet gewogen)
1 große Bio-Orange (unbehandelt, ungewachst)
800 ml Wasser
1–2 große Orangen
1 Beutel Gelfix Classic 1:1 (20 g)
1 kg Zucker

INSGESAMT:

E: 0 g, F: 0 g, Kh: 1013 g, kcal: 4131

1. Ingwer schälen, in feine Streifen schneiden, 150 g abwiegen und in einen Kochtopf geben.

2. Bio-Orange waschen, abtrocknen und die Schale dünn abschälen. Orangenschale, Ingwerstreifen und Wasser in einen Topf geben, zum Kochen bringen und zugedeckt etwa 30 Minuten kochen lassen (es darf kein Dampf entweichen). In ein Sieb geben und die Flüssigkeit dabei auffangen. Dann 2 Esslöffel Ingwerstreifen aus dem Sieb nehmen und beiseitestellen.

3. Alle Orangen auspressen, 200 ml Saft abmessen, mit der Ingwerflüssigkeit auf 850 ml auffüllen.

4. Gelfix Classic zuerst mit 2 Esslöffeln von der abgewogenen Zuckermenge mischen, dann mit der abgemessenen Ingwer-Orangen-Flüssigkeit und den Ingwerstreifen verrühren.

5. Die Zutaten unter ständigem Rühren bei starker Hitze zum Kochen bringen. Sobald alles bei ständigem Rühren sprudelnd kocht, restlichen Zucker hinzufügen. Alles unter Rühren wieder zum Kochen bringen und mindestens 3 Minuten unter ständigem Rühren sprudelnd kochen lassen. Topf von der Kochstelle nehmen.

6. Das Kochgut eventuell abschäumen und sofort randvoll in vorbereitete Gläser füllen. Gläser mit Twist-off-Deckeln® verschließen, umdrehen und etwa 5 Minuten auf dem Deckel stehen lassen.

HOMEMADE

INGWER-KÜRBIS, EINGELEGT

- Zubereitungszeit: 70 Minuten, ohne Durchziehzeit
  Haltbarkeit: kühl und dunkel gestellt etwa 1 Jahr
- ▲ Mit Alkohol

ZUTATEN FÜR 4–5 GLÄSER JE ETWA 1 L

3 kg Kürbis
1 Stück Ingwer (etwa 80 g)
Schale von 1 Bio-Zitrone
(unbehandelt, ungewachst)
100 g Zitronat (gewürfelt)
750 ml Weißweinessig
375 ml Weißwein, 800 g Zucker
2 Zimtstangen, 1 EL Gewürznelken

INSGESAMT:

E: 37 g, F: 8 g, Kh: 990 g, kcal: 4187

1. Kürbis schälen und halbieren. Die Kerne mit einem Löffel herauskratzen. Das Kürbisfleisch in kleine Würfel schneiden. Ingwer schälen und in dünne Scheiben schneiden. Zitronenschale in feine Streifen schneiden. Ingwerscheiben, Zitronenschalenstreifen und Zitronatwürfel mit Essig, Wein, Zucker, Zimt und Nelken in einem Topf zum Kochen bringen.

2. Kürbiswürfel hinzugeben, wieder zum Kochen bringen und glasig kochen. Den Topf von der Kochstelle nehmen. Kürbis in dem Sud erkalten und etwa 24 Stunden durchziehen lassen.

3. Die Kürbiswürfel mit einem Schaumlöffel herausnehmen und in vorbereitete Gläser füllen. Die Essig-Zucker-Lösung erhitzen und heiß über die Kürbiswürfel gießen. Die Gläser sofort mit Twist-off-Deckeln® verschließen, umdrehen und etwa 5 Minuten auf den Deckeln stehen lassen.

INGWERSIRUP

Zubereitungszeit: 45–50 Minuten
Haltbarkeit: kühl, dunkel und trocken gestellt 4–5 Monate

ZUTATEN FÜR ETWA 1500 ML

300 g Bio-Ingwer
1 Bio-Zitrone (unbehandelt, ungewachst)
1 Bio-Orange (unbehandelt, ungewachst)
750 g Zucker
1 ½ l Wasser

INSGESAMT:

E: 1 g, F: 1 g, Kh: 759 g, kcal: 3101

1. Ingwer abspülen, trocken tupfen und mit der Schale in dünne Scheiben schneiden.

2. Die Zitrone und die Orange heiß abwaschen, gut abtrocknen und in Scheiben schneiden.

3. Zucker mit Wasser in einen Topf geben. Ingwer-, Zitronen- und Orangenscheiben hinzugeben und zum Kochen bringen. Dabei hin und wieder umrühren. Die Zutaten bei schwacher Hitze 25–30 Minuten kochen lassen. Dabei entstehenden Schaum mit einer Schaumkelle abnehmen.

4. Ein Küchensieb mit einem gut ausgewaschenen Geschirrtuch oder Mulltuch auslegen. Den Sirup durch das Tuch in einen Topf abgießen. Den Sirup nochmals zum Kochen bringen und etwa 10 Minuten kochen lassen. Je länger er kocht, umso dicker und schärfer wird er.

5. Den Sirup noch kochend heiß in vorbereitete Flaschen (mit Dreh- oder Schnappverschluss) füllen und sofort verschließen.

TIPPS:

Da der Sirup sehr konzentriert ist, sollte er in mehreren kleinen Flaschen abgefüllt werden. Es werden immer nur kleine Mengen zum Mischen gebraucht.
Nach dem Öffnen im Kühlschrank lagern und innerhalb der nächsten 1–2 Wochen verbrauchen.
Sekt, Mineralwasser mit Minze und Bier kann mit dem Ingwersirup verfeinert werden.
Der Sirup hilft aber auch bei Erkältung und Halsschmerzen. In heißem Tee oder pur etwa 3 Esslöffel über den Tag verteilt nehmen.

REZEPTVARIANTE:

Für **Ingwerlimonade** 25 g Ingwer abspülen, trocken tupfen und mit der Schale in dünne Scheiben schneiden. Ingwerscheiben mit 1 Liter stillem Mineralwasser, 100–150 g Zucker und 1 Prise Salz in einem Topf unter Rühren zum Kochen bringen. Mischung abkühlen lassen und durch ein Sieb in einen Glaskrug füllen. Die Mischung etwa 2 Stunden mit Frischhaltefolie zugedeckt in den Kühlschrank stellen. Anschließend 50 ml Zitronensaft hinzugeben und unterrühren.

Ingwer-Sirup

JOHANNISBEER-ANANAS-FRUCHTAUFSTRICH

Zubereitungszeit: 25 Minuten, ohne Entsaftungs- und Abkühlzeit
Haltbarkeit: kühl und dunkel gestellt 3–4 Monate

ZUTATEN FÜR 6 GLÄSER JE ETWA 200 ML

950 ml Johannisbeersaft (von etwa 1,6 kg roten und schwarzen Johannisbeeren)
300 g Ananas-Fruchtfleisch (vorbereitet gewogen)
3 Lorbeerblätter
500 g Super Gelierzucker 3:1

INSGESAMT:

E: 11 g, F: 2 g, Kh: 749 g, kcal: 3158

1. Die Johannisbeeren waschen, abtropfen lassen, mithilfe eines Schnellkochtopfes oder Dampfentsafters entsaften (Gebrauchsanleitung des Geräteherstellers beachten). Saft abkühlen lassen und 950 ml abmessen.

2. Von der Ananas Blatt- und Strunkende entfernen. Dann die schuppige Schale möglichst dick abschneiden, damit die „Augen" mitentfernt werden. Die Ananas zuerst in Scheiben schneiden, dann mit einem Ausstechförmchen die holzige Mitte ausstechen. Ananasscheiben in kleine Stücke schneiden und 300 g abwiegen.

3. Johannisbeersaft, Ananasstücke und Lorbeerblätter in einem großen Kochtopf mit Super Gelierzucker gut verrühren.

4. Alles unter Rühren bei starker Hitze zum Kochen bringen und unter ständigem Rühren mindestens 3 Minuten sprudelnd kochen lassen. Topf von der Kochstelle nehmen.

5. Kochgut eventuell abschäumen und Lorbeerblätter entfernen. Kochgut sofort randvoll in vorbereitete Gläser füllen.

6. Gläser mit Twist-off-Deckeln® verschließen, umdrehen und etwa 5 Minuten auf den Deckeln stehen lassen.

TIPP:

Nach Belieben können Sie auch etwas Ingwer schälen, fein reiben und anschließend 1 Teelöffel davon vor dem Kochen hinzufügen.

JOHANNISBEER-APFEL-GELEE (IM FOTO RECHTS)

Zubereitungszeit: 30 Minuten, ohne Entsaftungs- und Abkühlzeit
Haltbarkeit: kühl und dunkel gestellt 3–4 Monate

ZUTATEN FÜR 4 GLÄSER JE ETWA 200 ML

600 ml Johannisbeersaft
(von etwa 1 ¼ kg roten Johannisbeeren)
150 ml klarer Apfelsaft (Handelsware)
500 g Extra Gelierzucker 2:1

INSGESAMT:

E: 6 g, F: 1 g, Kh: 544 g, kcal: 2274

1. Johannisbeeren abspülen, gut abtropfen lassen und verlesen. Johannisbeeren mithilfe eines Schnellkochtopfes oder Dampfentsafters entsaften (dabei die Gebrauchsanleitung des Geräteherstellers beachten). Von dem erkalteten Johannisbeersaft 600 ml abmessen.

2. Johannisbeer-, Apfelsaft und Gelierzucker in einem großen Topf gut verrühren. Alles unter Rühren bei starker Hitze zum Kochen bringen, unter ständigem Rühren mindestens 3 Minuten sprudelnd kochen lassen. Den Topf von der Kochstelle nehmen.

3. Kochgut evtl. abschäumen und sofort randvoll in vorbereitete Gläser füllen. Gläser mit Twist-off-Deckeln® verschließen, umdrehen und etwa 5 Minuten auf den Deckeln stehen lassen.

REZEPTVARIANTE:

Johannisbeergelee mit Birnenstückchen
250 ml Johannisbeersaft durch 250 g Birnenstückchen ersetzen. Die Gläser während des Erkaltens gelegentlich drehen, damit sich die Birnenstückchen besser im Gelee verteilen.

JOHANNISBEERGELEE (IM FOTO LINKS)

Zubereitungszeit: 40 Minuten, ohne Entsaftungs- und Abkühlzeit
Haltbarkeit: kühl und dunkel gestellt 3–4 Monate

ZUTATEN FÜR 5 GLÄSER JE ETWA 200 ML

1 l Johannisbeersaft
(von etwa 1 ½ kg roten Johannisbeeren)
500 g Extra Gelierzucker 2:1

INSGESAMT:

E: 10 g, F: 2 g, Kh: 551 g, kcal: 2350

1. Zum Vorbereiten Johannisbeeren abspülen, abtropfen lassen, mithilfe eines Schnellkochtopfes oder Dampfentsafters Saft gewinnen (Gebrauchsanleitung des Geräteherstellers beachten), abkühlen lassen und 1 l Saft abmessen.

2. Fruchtsaft mit Extra Gelierzucker in einem Kochtopf gut verrühren. Alles bei starker Hitze unter Rühren zum Kochen bringen, mindestens 3 Minuten unter ständigem Rühren sprudelnd kochen lassen. Den Topf von der Kochstelle nehmen.

3. Kochgut evtl. abschäumen und sofort randvoll in vorbereitete Gläser füllen. Gläser mit Twist-off-Deckeln® verschließen, umdrehen und etwa 5 Minuten auf dem Deckel stehen lassen.

JOHANNISBEERGELEE MIT ZITRONENTHYMIAN

Zubereitungszeit: 45 Minuten,
ohne Entsaftungs- und Abkühlzeit
Haltbarkeit: kühl und dunkel gestellt
3–4 Monate

ZUTATEN FÜR 5 GLÄSER JE ETWA 200 ML

900 ml Johannisbeersaft
(von etwa 1 ½ kg roten Johannisbeeren, vorbereitet gewogen)
4 Stängel Zitronenthymian
500 g Extra Gelierzucker 2:1

INSGESAMT:

E: 8 g, F: 1 g, Kh: 694 g, kcal: 2899

1. Die Johannisbeeren abspülen, abtropfen lassen und verlesen. Die Johannisbeeren im Schnellkochtopf oder Dampfentsafter entsaften (Gebrauchsanleitung des Geräteherstellers beachten) und 900 ml Saft abmessen.

2. Zitronenthymian abspülen und trocken tupfen. Die Blättchen von den Stängeln zupfen.

3. Fruchtsaft und Extra Gelierzucker in einem großen Kochtopf gut verrühren. Die Zutaten unter Rühren bei starker Hitze zum Kochen bringen und unter ständigem Rühren mindestens 3 Minuten sprudelnd kochen lassen. Den Topf von der Kochstelle nehmen.

4. Das Kochgut evtl. abschäumen. Thymianblättchen unter das Gelee rühren und sofort randvoll in vorbereitete Gläser füllen.

5. Die Gläser mit Twist-off-Deckeln® verschließen, umdrehen und etwa 5 Minuten auf den Deckeln stehen lassen.

6. Die Gläser während des Erkaltens gelegentlich umdrehen, damit sich die Thymianblättchen gleichmäßig verteilen.

TIPPS:

Rühren Sie bei Punkt 3 noch 1 Päckchen Bourbon-Vanille-Zucker mit dem Gelierzucker unter den Fruchtsaft.
Oder ersetzen Sie 400 ml Johannisbeersaft durch 400 ml trockenen Weißwein.
Das Gelee schmeckt wunderbar auf dunklem Brot oder Pumpernickel oder zu kurz gebratenem Fleisch oder frittierten Geflügelstücken.
Bereiten Sie das Gelee einmal je zur Hälfte aus roten und schwarzen Johannisbeeren zu.

KARIBIK-KONFITÜRE

Zubereitungszeit: 50 Minuten
Haltbarkeit: kühl und dunkel gestellt
3–4 Monate

ZUTATEN FÜR 7–8 GLÄSER JE ETWA 200 ML

je 1 kleine Mango und Papaya
1 große Banane
½ reife Ananas
100 g Physalis
6–7 Kumquats (etwa 50 g)
1 Stängel Zitronengras
1 Beutel Gelfix Classic 1:1 (20 g)
700 g Rohrzucker, hell
450 g Zucker

INSGESAMT:

E: 8 g, F: 3 g, Kh: 1264 g, kcal: 5205

1. Mango und Papaya halbieren, entkernen und schälen. Banane schälen. Von der Ananas das Blatt- und Strunkende entfernen. Die schuppige Schale möglichst dick abschneiden, damit die „Augen" mitentfernt werden. Ananas vierteln, jeweils den mittleren Strunk entfernen. Von den Physalis jeweils die Blätter entfernen. Physalis waschen und gut abtropfen lassen. Die Kumquats waschen, gut abtropfen lassen, halbieren und entkernen. Vorbereitete Früchte in kleine Würfel schneiden und 1 kg abwiegen.

2. Von dem Zitronengras die äußeren harten Blätter entfernen. Zitronengras in sehr feine Streifen schneiden und 1 gehäuften Esslöffel davon abmessen.

3. Abgewogenes Fruchtfleisch mit Zitronengras in einen großen Kochtopf geben. Gelfix Classic zuerst mit 2 Esslöffeln des Rohrzuckers mischen, dann mit der Fruchtmasse gut verrühren.

4. Das Kochgut unter Rühren bei starker Hitze zum Kochen bringen. Sobald alles bei ständigem Rühren sprudelnd kocht, restlichen Rohrzucker und Zucker hinzufügen.

5. Alles unter Rühren wieder zum Kochen bringen und unter ständigem Rühren mindestens 3 Minuten sprudelnd kochen lassen. Topf von der Kochstelle nehmen.

6. Das Kochgut eventuell abschäumen und sofort randvoll in vorbereitete Gläser füllen. Die Gläser mit Twist-off-Deckeln® verschließen, umdrehen und etwa 5 Minuten auf den Deckeln stehen lassen.

TIPP:

Karibik-Konfitüre eignet sich als Tortenfüllung oder als Zugabe zu Geflügelpasteten.

KARTOFFELKONFITÜRE MIT APFELNOTE

- Zubereitungszeit: 20 Minuten
  Haltbarkeit: kühl und dunkel gestellt etwa 6 Monate
- ▲ Mit Alkohol

ZUTATEN FÜR 7 GLÄSER JE ETWA 200 ML

etwa 500 g mehligkochende Kartoffeln
etwa 400 g Äpfel
500 ml Cidre (franz. Apfelwein) oder Apfelsaft
2 Pck. Zitronensäure (10 g)
1 Pck. Bourbon-Vanille-Zucker
500 g Extra Gelierzucker 2:1

INSGESAMT:

E: 9 g, F: 1 g, Kh: 634 g, kcal: 2760

1. Kartoffeln schälen, auf einer feinen Reibe musig reiben und 400 g abwiegen. Äpfel schälen, vierteln, entkernen und ebenfalls sehr fein reiben, 300 g davon abwiegen.

2. Kartoffel- und Apfelmus mit Cidre oder Saft, Zitronensäure, Vanille-Zucker und Gelierzucker in einem Topf mischen.

3. Alles unter Rühren bei starker Hitze zum Kochen bringen und unter ständigem Rühren mindestens 5 Minuten sprudelnd kochen. Topf von der Kochstelle nehmen.

4. Das Kochgut evtl. abschäumen und sofort randvoll in vorbereitete Gläser füllen.

5. Die Gläser mit Twist-off- Deckeln® verschließen, umdrehen und etwa 5 Minuten auf den Deckeln stehen lassen.

KIRSCH-BANANEN-KONFITÜRE (IM FOTO LINKS)

● Zubereitungszeit: 45 Minuten
Haltbarkeit: kühl und dunkel gestellt etwa 1 Jahr
▲ Mit Alkohol

ZUTATEN FÜR 7 GLÄSER JE ETWA 200 ML

850 g Süßkirschen (vorbereitet gewogen)
150 g Bananen (vorbereitet gewogen)
125 ml Kirschnektar
125 ml Bananennektar
125 ml Sherry
1 Pck. Zitronensäure (5 g)
500 g Super Gelierzucker 3:1

INSGESAMT:

E: 10 g, F: 3 g, Kh: 668 g, kcal: 2947

1. Kirschen abspülen, abtropfen lassen, entstielen, entsteinen und 850 g abwiegen. Kirschen mit einem Pürierstab grob pürieren. Bananen schälen, in kleine Stücke schneiden und 150 g abwiegen.

2. Die vorbereiteten Früchte, Kirsch-, Bananennektar, Sherry und Zitronensäure mit Super Gelierzucker in einem großen Kochtopf gut verrühren. Dann alles unter Rühren bei starker Hitze zum Kochen bringen und unter ständigem Rühren mindestens 3 Minuten sprudelnd kochen lassen. Topf von der Kochstelle nehmen.

3. Kochgut evtl. abschäumen und sofort randvoll in vorbereitete Gläser füllen. Die Gläser mit Twist-off-Deckeln® verschließen, umdrehen und etwa 5 Minuten auf den Deckeln stehen lassen.

TIPP:

125 ml Sherry können durch 125 ml Bananen- oder Kirschnektar ersetzt werden.

KIRSCH-CHUTNEY (IM FOTO RECHTS)

● Zubereitungszeit: 40 Minuten
Haltbarkeit: kühl, dunkel und trocken gestellt 2–4 Monate

ZUTATEN FÜR 4 GLÄSER JE ETWA 250 ML

500–600 g Süßkirschen
je 1 rote Paprikaschote, 1 rote Zwiebel
1 walnussgroßes Stück Ingwer
2 Knoblauchzehen
1 kleine, getrocknete rote Chilischote
200 g Sultaninen
1 gestr. TL Meersalz, 1 Msp. gem. Zimt
250 g Zucker
125 ml Obst- oder Sherryessig

INSGESAMT:

E: 13 g, F: 4 g, Kh: 462 g, kcal: 2023

1. Kirschen abspülen, abtropfen lassen, entstielen und entsteinen. Paprikaschote halbieren, entstielen, entkernen und die weißen Scheidewände entfernen. Schote abspülen, trocken tupfen und in sehr kleine Würfel schneiden. Zwiebel abziehen und ebenfalls klein würfeln. Ingwer schälen und fein reiben. Knoblauch abziehen und in sehr kleine Würfel schneiden. Chilischote klein hacken.

2. Vorbereitete Zutaten in einen großen Topf geben. Sultaninen, Meersalz, Zimt, Zucker und Essig hinzufügen und gut untermischen, unter Rühren zum Kochen bringen und etwa 30 Minuten bei schwacher Hitze unter gelegentlichem Rühren leicht kochen lassen.

3. Chutney sofort randvoll in vorbereitete Gläser füllen, mit Twist-off-Deckeln® verschließen, umdrehen und etwa 5 Minuten auf den Deckeln stehen lassen.

Kirsch-Chutney
Kirsch Bananen Konfitüre

KIRSCHGELEE, WÜRZIGES

Zubereitungszeit: 15 Minuten, ohne Entsaftungs- und Abkühlzeit
Haltbarkeit: kühl und dunkel gestellt 3–4 Monate

ZUTATEN FÜR 5 GLÄSER JE ETWA 200 ML

900 ml Sauerkirschsaft
(von etwa 1 ½ kg Sauerkirschen)
2 Pck. Vanillin-Zucker
1 Pck. Zitronensäure (5 g)
1 Msp. gem. Zimt
1–2 Lorbeerblätter
500 g Extra Gelierzucker 2:1

INSGESAMT:

E: 7 g, F: 3 g, Kh: 609 g, kcal: 2570

1. Sauerkirschen waschen, abtropfen lassen, entstielen, entsteinen und mithilfe eines Schnellkochtopfes oder Dampfentsafters entsaften (Gebrauchsanleitung des Geräteherstellers beachten). Saft abkühlen lassen und 900 ml abmessen.

2. Kirschsaft mit Vanillin-Zucker, Zitronensäure, Zimt und Lorbeerblättern in einem Kochtopf mit Extra Gelierzucker gut verrühren. Alles unter Rühren bei starker Hitze zum Kochen bringen und unter ständigem Rühren mindestens 3 Minuten sprudelnd kochen lassen. Anschließend den Topf von der Kochstelle nehmen. Lorbeerblätter entfernen.

4. Kochgut evtl. abschäumen und sofort randvoll in vorbereitete Gläser füllen. Gläser mit Twist-off-Deckeln® verschließen, umdrehen und etwa 5 Minuten auf den Deckeln stehen lassen.

KIRSCH-JOHANNISBEER-KONFITÜRE

Zubereitungszeit: 35 Minuten,
ohne Entsaftungs- und Abkühlzeit
Haltbarkeit: kühl und dunkel gestellt
3–4 Monate

ZUTATEN FÜR 5 GLÄSER JE ETWA 200 ML

500 ml Johannisbeersaft (von etwa 800 g roten Johannisbeeren)
500 g Sauerkirschen (vorbereitet gewogen)
30 g Pinienkerne
1 Pck. Bourbon-Vanille-Aroma
500 g Extra Gelierzucker 2:1

INSGESAMT:

E: 16 g, F: 18 g, Kh: 661 g, kcal: 2959

1. Johannisbeeren abspülen, abtropfen lassen, mithilfe eines Schnellkochtopfes oder Dampfentsafters entsaften (Gebrauchsanleitung des Geräteherstellers beachten). Saft abkühlen lassen und 500 ml abmessen.

2. Die Kirschen abspülen, abtropfen lassen, entstielen, entsteinen, halbieren und 500 g abwiegen. Die Pinienkerne in einer Pfanne ohne Fett unter Wenden goldgelb rösten und auf einem Teller erkalten lassen.

3. Johannisbeersaft, Kirschen, Pinienkerne und Aroma in einem großen Kochtopf mit Extra Gelierzucker gut verrühren.

4. Die Zutaten unter Rühren bei starker Hitze zum Kochen bringen und unter ständigem Rühren mindestens 3 Minuten sprudelnd kochen lassen. Topf von der Kochstelle nehmen.

5. Kochgut evtl. abschäumen und sofort randvoll in vorbereitete Gläser füllen.

6. Gläser mit Twist-off-Deckeln® verschließen, umdrehen und etwa 5 Minuten auf den Deckeln stehen lassen.

7. Gläser während des Erkaltens gelegentlich umdrehen, damit sich die Pinienkerne und Kirschen gleichmäßig verteilen.

TIPPS:

Die Haltbarkeit wird durch die Zugabe von Pinienkernen verkürzt, da sie Fett enthalten. Statt der Pinienkerne können Sie auch gestiftelte Mandeln verwenden.

Knoblauch
Chili
Essig

KNOBLAUCH-CHILI-ESSIG

(IM FOTO RECHTS)

Zubereitungszeit: 20 Minuten
Durchziehzeit: 3–4 Wochen
Haltbarkeit: kühl und dunkel gestellt 6–9 Monate

ZUTATEN FÜR 1 FLASCHE ETWA 1 L

12 Knoblauchzehen
12 frische rote Chilischoten
20 Melisse- oder Minzeblättchen
1 l Weißweinessig

INSGESAMT:

E: 10 g, F: 1 g, Kh: 23 g, kcal: 293

1. Knoblauch abziehen. Chilischoten abspülen, trocken tupfen und entstielen. Melisse- oder Minzeblättchen abspülen und vorsichtig trocken tupfen. Knoblauch, Chilischoten und Melisseblättchen in die vorbereitete Flasche geben.

2. Die Flasche mit Essig auffüllen und sofort verschließen. Knoblauch-Chili-Essig 3–4 Wochen durchziehen lassen.

KNOBLAUCH-CHILI-ÖL

(IM FOTO LINKS)

Zubereitungszeit: 20 Minuten
Durchziehzeit: 3–4 Wochen
Haltbarkeit: kühl und dunkel gestellt 6–9 Monate

ZUTATEN FÜR 1 FLASCHE ETWA 1 L

12 Knoblauchzehen
12 frische rote Chilischoten
20 Melisse- oder Minzeblättchen
1 l Olivenöl

INSGESAMT:

E: 6 g, F: 997 g, Kh: 19 g, kcal: 8913

1. Knoblauch abziehen. Chilischoten abspülen, trocken tupfen und entstielen. Melisse- oder Minzeblättchen abspülen und vorsichtig trocken tupfen.

2. Knoblauch, Chilischoten und Melisseblättchen in eine vorbereitete Flasche geben.

3. Die Flasche mit Olivenöl auffüllen und sofort verschließen. Knoblauch-Chili-Öl 3–4 Wochen durchziehen lassen.

KRÄUTERLIKÖR

- Zubereitungszeit: 20 Minuten, ohne Abkühlzeit
  Durchziehzeit: etwa 2 Wochen
  Haltbarkeit: gekühlt etwa 4 Wochen
- ▲ Mit Alkohol

ZUTATEN FÜR 1 FLASCHE ETWA 1 L

125 ml Wasser
225 g Zucker
1 Stängel Rosmarin
1 Stängel Salbei
1 Stängel Basilikum
1 Stängel Thymian
1 Stängel Pfefferminze
1 Stängel Zitronenmelisse
5 Lorbeerblätter
700 ml Southern Comfort (40 Vol.-%)

INSGESAMT:

E: 0 g, F: 0 g, Kh: 433 g, kcal: 3302

1. Wasser mit Zucker in einem Topf zum Kochen bringen und kurz aufkochen. Die Zuckerlösung erkalten lassen.

2. Kräuterstängel vorsichtig abspülen, trocken tupfen und mit den Lorbeerblättern in eine vorbereitete Flasche geben.

3. Die Zuckerlösung mit Southern Comfort verrühren und in die mit den Kräutern gefüllte Flasche füllen. Dann die Flasche mit einem Flaschenverschluss fest verschließen und kalt gestellt 2 Wochen durchziehen lassen, dabei die Flasche gelegentlich durchschütteln.

4. Nach der Durchziehzeit die Flüssigkeit nach Belieben in eine vorbereitete Flasche abfiltern und die Flasche fest verschließen.

TIPP:

Probieren Sie diesen Likör statt mit Southern Comfort einmal mit Wacholder-Schnaps.

KRÄUTERLIKÖR MIT KAMILLENBLÜTEN

● Zubereitungszeit: 15 Minuten
Durchziehzeit: etwa 2 Wochen
Haltbarkeit: gekühlt 6–12 Monate
▲ Mit Alkohol

ZUTATEN FÜR 1 GLAS ETWA 1,2 L

3 Stängel Salbei
2 Stängel Basilikum
2 Stängel Zitronenverbene oder Zitronenmelisse
1 Stängel Rosmarin
3 Stängel Zitronengras
1 Stiel Kamillenblüten
Schale von 1 Bio-Limette
(unbehandelt, ungewachst)
250 g weißer Kandis
1 l Wodka (40 Vol.-%)

INSGESAMT:

E: 0 g, F: 0 g, Kh: 249 g, kcal: 3312

1. Die Kräuter abspülen und trocken tupfen.

2. Limette gründlich heiß abwaschen und abtrocknen. Limettenschale abreiben. Dabei darauf achten, dass nur die grüne Schale und nicht das Weiße abgerieben wird.

3. Kräuter, Limettenschale und Kandis in ein großes, gründlich gereinigtes, gespültes Glas geben, mit dem Wodka übergießen. Das Glas fest verschließen und kurz schütteln.

4. Den Kräuterlikör etwa 2 Wochen an einem kühlen, dunklen Ort (am besten im Keller) durchziehen lassen. Anschließend den Likör durch ein mit einem Geschirrtuch ausgelegtes Sieb gießen, den aufgefangenen Likör in Flaschen füllen und kalt gestellt aufbewahren.

TIPP:

Sie können auch getrocknete Kamillenblüten verwenden.

KRÄUTERÖL, PIKANT

(IM FOTO OBEN)

Zubereitungszeit: 15 Minuten
Durchziehzeit: etwa 2 Wochen
Haltbarkeit: kühl und dunkel gestellt 2–3 Monate

ZUTATEN FÜR 1 FLASCHE ETWA 750 ML

1 Bund Dill
1 kleine rote Peperoni
1 EL gerebelter Rosmarin
1 EL gerebelter Thymian
1 TL Currypulver
1 TL Paprikapulver edelsüß
¼ TL Meersalz
750 ml Pflanzenöl, z. B. Sonnenblumenöl

INSGESAMT:

E: 0 g, F: 743 g, Kh: 0 g, kcal: 6563

1. Dill abspülen und trocken tupfen. Die Spitzen von den Stängeln zupfen. Spitzen sehr klein schneiden. Peperoni abspülen, trocken tupfen, halbieren, entkernen und sehr fein hacken.

2. Dill mit Peperoni, Rosmarin, Thymian, Curry, Paprika und Meersalz mischen, in eine vorbereitete Flasche geben, mit Pflanzenöl auffüllen.

3. Die Flasche verschließen und kräftig durchschütteln. Das Kräuteröl mindestens 2 Wochen durchziehen lassen.

4. Kräuteröl durch eine Filtertüte gießen und wieder in die zuvor gesäuberte Flasche füllen. Kräuteröl kühl und dunkel aufbewahren.

KRÄUTER-ÖL-MISCHUNG

(IM FOTO UNTEN)

Zubereitungszeit: 25 Minuten
Durchziehzeit: etwa 1 Woche
Haltbarkeit: dunkel gestellt 2–3 Wochen

ZUTATEN FÜR 1 FLASCHE ETWA 750 ML

1 Bund Petersilie
3 Zweige Estragon
1 Bund Schnittlauch
je ¼ rote, gelbe und grüne Paprikaschote
½ EL gem. Kümmel
½ EL grob zerdrückter, schwarzer Pfeffer
500 ml Olivenöl

INSGESAMT:

E: 4 g, F: 499 g, Kh: 12 g, kcal: 4480

1. Kräuter vorsichtig abspülen und trocken tupfen. Von der Petersilie und dem Estragon die Blättchen von den Stängeln zupfen. Petersilien- und Estragonblättchen fein hacken. Schnittlauch in kleine Röllchen schneiden.

2. Paprikaviertel entstielen, entkernen und die weißen Scheidewände entfernen. Schotenviertel waschen, trocken tupfen und in Würfel schneiden.

3. Paprikawürfel mit den Kräutern, Kümmel, Pfeffer und Olivenöl verrühren. Die Mischung in eine vorbereitete Flasche geben, verschließen, kräftig durchschütteln und 1 Woche an einem dunklen Ort stehen und durchziehen lassen.

4. Nach Belieben das durchgezogene Kräuteröl durch eine Filtertüte gießen, wieder in die zuvor gesäuberte Flasche füllen und an einem dunklen Ort aufbewahren.

KÜRBIS, PIKANT EINGEKOCHT

Zubereitungszeit: 50 Minuten, ohne Durchziehzeit
Einkochzeit: etwa 30 Minuten
Haltbarkeit: 6–8 Monate

ZUTATEN FÜR 2 GLÄSER JE ETWA 1 L

2 kg Kürbis, z. B. Hokkaido- oder Muskatkürbis

ZUM MARINIEREN:

(auf je 1 kg Kürbis, vorbereitet gewogen)
125 ml Weißweinessig
125 ml Wasser

FÜR DIE ESSIG-ZUCKER-LÖSUNG:

etwa 175 ml Weißweinessig
etwa 175 ml Wasser
600 g Zucker
Saft und Schale von ½ Bio-Zitrone (unbehandelt, ungewachst)
1 kleines Stück geschälter Ingwer

INSGESAMT:

E: 21 g, F: 3 g, Kh: 665 g, kcal: 2846

1. Kürbis schälen, halbieren und die Kerne mit einem Löffel herauskratzen. Kürbisfleisch in etwa 1 ½ cm große Würfel schneiden und in eine große Schüssel geben.

2. Zum Marinieren Essig und Wasser verrühren, auf den Kürbiswürfeln verteilen, zugedeckt über Nacht kalt stellen und durchziehen lassen.

3. Kürbiswürfel mit einem Schaumlöffel herausnehmen und in einem Sieb gut abtropfen lassen.

4. Für die Essig-Zucker-Lösung Essig, Wasser, Zucker, Zitronensaft, -schale und Ingwer in einem Topf zum Kochen bringen. Kürbiswürfel darin portionsweise 8–10 Minuten glasig kochen (nicht zu weich werden lassen).

5. Die Kürbiswürfel mit einem Schaumlöffel herausnehmen und in vorbereitete Einkochgläser füllen. Die Essig-Zucker-Lösung abkühlen lassen. Die Gläser mit der Essig-Zucker-Lösung auffüllen.

6. Jeweils Gummiring und Deckel nass auf den gesäuberten Glasrand legen, mit Bügel oder Feder verschließen. Gläser auf einem Einsatz in den Einkochtopf stellen, so viel kaltes Wasser hinzugießen, dass die Gläser zu ¾ von Wasser umgeben sind.

7. Den Topf verschließen. Die Kürbiswürfel etwa 30 Minuten bei etwa 75 °C einkochen.

TIPP:

Kürbis zu gebratenem Fisch oder Sülze mit Bratkartoffeln reichen.

KÜRBIS-APFEL-RELISH MIT PIMENT

● Zubereitungszeit: 35 Minuten
Haltbarkeit: kühl und dunkel gestellt 3–6 Monate
▲ Mit Alkohol

ZUTATEN FÜR 3 GLÄSER JE ETWA 500 ML

500 g Äpfel, süßsauer (von etwa 4 großen Äpfeln, vorbereitet gewogen)
500 g Hokkaido-Kürbis (von etwa 750 g Kürbis, vorbereitet gewogen)
250 g Zwiebeln
1 kleines Bund Dill
100 g Zucker
200 ml Obstessig oder weißer Balsamico-Essig
200 ml Apfelsaft (Handelsware)
1 Msp. gem. Piment (Jamaikapfeffer)
Salz
gem. Pfeffer

INSGESAMT:

E: 11 g, F: 2 g, Kh: 254 g, kcal: 1127

1. Äpfel schälen, vierteln und entkernen. Die Apfelviertel in etwa 1 cm große Würfel schneiden und 500 g abwiegen.

2. Kürbis abspülen, abtropfen lassen, halbieren und die Kerne mit einem Löffel herausschaben. Kürbishälften mit Schale ebenfalls in etwa 1 cm große Würfel schneiden und 500 g abwiegen.

3. Zwiebeln abziehen und klein würfeln. Dill abspülen und trocken tupfen. Die Spitzen von den Stängeln zupfen, Spitzen klein schneiden.

4. Zucker in einem Topf goldgelb karamellisieren. Apfel-, Kürbis- und Zwiebelwürfel hinzugeben und 1–2 Minuten unter Rühren andünsten. Mit Essig und Apfelsaft ablöschen.

5. Die Zutaten bei mittlerer Hitze etwa 15 Minuten unter ständigem Rühren kochen. Piment unterrühren und weitere etwa 5 Minuten kochen lassen. Kurz vor Ende der Garzeit den Dill unterrühren. Mit Salz und Pfeffer abschmecken.

6. Relish sofort randvoll in vorbereitete Gläser füllen. Gläser mit Twist-off-Deckeln® verschließen, umdrehen und etwa 5 Minuten auf den Deckeln stehen lassen.

TIPP:

Kürbis-Apfel-Relish passt gut zu gegrilltem Fleisch oder Fisch oder zum Würzen von Currygerichten.

KÜRBIS-CHUTNEY

Zubereitungszeit: 90 Minuten
Haltbarkeit: kühl und dunkel gestellt etwa 6 Monate

ZUTATEN FÜR 3 GLÄSER JE ETWA 200 ML

350 g Kürbis (von etwa 500 g Kürbis, vorbereitet gewogen)
150 g Ananas-Fruchtfleisch (von etwa 300 g Ananas, vorbereitet gewogen)
200 g Zwiebeln (vorbereitet gewogen)
100 g Paprikaschoten (von etwa 150 g Paprikaschoten, vorbereitet gewogen)
50 ml Apfelsaft (Handelsware)
2 Lorbeerblätter
125 g Extra Gelierzucker 2:1
125 ml Apfelessig
20 g Salz
1 gestr. TL Currypulver
je ½ gestr. TL Cayennepfeffer, weißer Pfeffer, Kreuzkümmel (Cumin), Koriander (alles gem.)

INSGESAMT:

E: 9 g, F: 3 g, Kh: 184 g, kcal: 834

1. Den Kürbis schälen und die Kerne entfernen. Den Kürbis in sehr kleine Würfel schneiden und 350 g abwiegen. Von der Ananas Blatt- und Strunkende abschneiden. Ananas halbieren und den mittleren, harten Strunk herausschneiden. Ananas schälen, das Fruchtfleisch in kleine Stücke schneiden und 150 g abwiegen.

2. Zwiebeln abziehen, in kleine Würfel schneiden und 200 g abwiegen. Paprikaschoten halbieren, entstielen, entkernen und die weißen Scheidewände entfernen. Schoten abspülen, abtropfen lassen, in sehr kleine Würfel schneiden und 100 g abwiegen.

3. Die vorbereiteten Gemüse- und Obstzutaten in einen großen Kochtopf geben. Apfelsaft und Lorbeerblätter hinzufügen. Die Zutaten zum Kochen bringen und etwa 20 Minuten bei schwacher Hitze kochen lassen, dabei gelegentlich umrühren.

4. Lorbeerblätter entfernen. Extra Gelierzucker und Essig hinzugeben, wieder zum Kochen bringen und weitere etwa 8 Minuten unter Rühren bei starker Hitze kochen lassen. Den Topf von der Kochstelle nehmen. Chutney mit Salz und den restlichen Gewürzen verrühren.

5. Chutney sofort randvoll in vorbereitete Gläser füllen. Gläser mit Twist-off-Deckeln® verschließen, umdrehen und etwa 5 Minuten auf den Deckeln stehen lassen.

KÜRBIS-ORANGEN-KONFITÜRE

Zubereitungszeit: 40 Minuten, ohne Abkühlzeit
Garzeit: etwa 15 Minuten
Haltbarkeit: kühl und dunkel gestellt 3–4 Monate

ZUTATEN FÜR 5–6 GLÄSER JE ETWA 200 ML

500 g Hokkaido-Kürbis (vorbereitet gewogen)
50 ml Orangensaft
abger. Schale von 1 Bio-Orange (unbehandelt, ungewachst)
500 g Orangenfilets (von etwa 5 großen Orangen)
500 g Extra Gelierzucker 2:1

INSGESAMT:

E: 11 g, F: 2 g, Kh: 571 g, kcal: 2389

1. Kürbis halbieren und die Kerne mit einem Löffel herauskratzen. Kürbishälften abspülen, abtropfen lassen, in kleine Stücke schneiden und 500 g abwiegen. Kürbisstücke mit Orangensaft in einen Topf geben, zum Kochen bringen und etwa 15 Minuten bei mittlerer Hitze weich kochen. Anschließend pürieren und erkalten lassen.

2. Von dem Kürbispüree 500 g abwiegen und in einen großen Kochtopf geben. Orangenschale unterrühren.

3. Orangen so schälen, dass die weiße Haut vollständig entfernt wird. Orangen filetieren und 500 g abwiegen. Orangenfilets mit dem Extra Gelierzucker zu dem Kürbispüree in den Topf geben und gut verrühren. Die Zutaten unter Rühren bei starker Hitze zum Kochen bringen, unter ständigem Rühren mindestens 3 Minuten sprudelnd kochen lassen. Den Topf von der Kochstelle nehmen.

4. Das Kochgut evtl. abschäumen und sofort randvoll in vorbereitete Gläser füllen. Die Gläser mit Twist-off-Deckeln® verschließen, umdrehen und etwa 5 Minuten auf den Deckeln stehen lassen.

TIPP:

Konfitüre zu Käse- oder Wursthäppchen reichen.

KÜRBIS-PREISELBEER-SCHICHTKONFITÜRE

Zubereitungszeit: 50 Minuten
Haltbarkeit: kühl und dunkel gestellt 3–4 Monate

ZUTATEN FÜR 5 GLÄSER JE ETWA 200 ML

FÜR DIE KÜRBISKONFITÜRE:

500 g Kürbis-Fruchtfleisch vom Hokkaido-Kürbis (vorbereitet gewogen)
1 Stück Ingwer
½ Bio-Orange (unbehandelt, ungewachst)
250 ml Orangensaft (von 4–5 Orangen und der ½ Bio-Orange)
375 g Extra Gelierzucker 2:1

FÜR DIE PREISELBEERKONFITÜRE:

250 g Preiselbeeren (vorbereitet gewogen)
125 g Extra Gelierzucker 2:1

INSGESAMT:

E: 8 g, F: 2 g, Kh: 558 g, kcal: 2328

1. Für die Kürbiskonfitüre Kürbis schälen, halbieren, entkernen und in kleine Würfel schneiden. Von den Kürbiswürfeln 500 g abwiegen.

2. Ingwer schälen, in sehr kleine Würfel schneiden und ½ Teelöffel davon abmessen.

3. Die Orange heiß abwaschen, abtrocknen und die Schale dünn abschälen. Die Schale in feine Streifen schneiden. Die Orangen auspressen und 250 ml Saft abmessen.

4. Für die Preiselbeerkonfitüre Preiselbeeren verlesen, waschen, gut abtropfen lassen und 250 g abwiegen.

5. Für die Kürbiskonfitüre Kürbis- mit Ingwerwürfeln, Orangenschale und -saft in einen Kochtopf geben, mit einem Stabmixer zerkleinern. Extra Gelierzucker (375 g) gut unterrühren.

6. Die Zutaten unter Rühren bei starker Hitze zum Kochen bringen und unter ständigem Rühren mindestens 3 Minuten sprudelnd kochen lassen. Den Topf von der Kochstelle nehmen.

7. Das Kochgut evtl. abschäumen und gut die Hälfte davon sofort bis zu einem Drittel in die vorbereiteten Gläser füllen.

8. Für die Preiselbeerkonfitüre Preiselbeeren in einem kleinen Kochtopf (etwa 2 l Inhalt) mit Extra Gelierzucker (125 g) gut verrühren, unter Rühren bei starker Hitze zum Kochen bringen und unter ständigem Rühren mindestens 3 Minuten sprudelnd kochen lassen. Den Topf von der Kochstelle nehmen.

9. Das Kochgut evtl. abschäumen und vorsichtig auf der Kürbiskonfitüre verteilen.

10. Die restliche Kürbiskonfitüre vorsichtig mit einem Esslöffel auf die Preiselbeerkonfitüre geben, bis die Gläser randvoll sind.

11. Gläser mit Twist-off-Deckeln® verschließen. Die Gläser nicht umdrehen, sonst laufen die Konfitüren ineinander.

TIPP:

Konfitüre zu Geflügelaufschnitt oder zu mariniertem Fisch reichen.

LAVENDELBLÜTENSIRUP

◷ Zubereitungszeit 30–35 Minuten
Durchziehzeit: etwa 1 Tag
Haltbarkeit: kühl, dunkel und trocken gestellt etwa 6 Monate

ZUTATEN FÜR 1 GLAS ETWA 1500 ML

1 großes Bund Lavendelblütenstiele
1 Bio Zitrone (unbehandelt, ungewachst
1 kg Zucker
1 l Wasser

INSGESAMT:

E: 0 g, F: 0 g, Kh: 1000 g, kcal: 4071

1. Die Lavendelblüten bei Bedarf von kleinen Tierchen befreien. Wenn möglich, nicht abspülen, da sonst zu viel Geschmack (z. B. vom Blütenstaub) herausgewaschen wird.

2. Die Lavendelblüten jeweils vom Stiel befreien. Das ergibt etwa 70 g Lavendelblüten.

3. Zitrone heiß abwaschen, gut abtrocknen und in Scheiben schneiden.

4. Zucker mit Wasser in einem Topf zum Kochen bringen und etwa 10 Minuten kochen lassen, bis sich der Zucker aufgelöst hat und ein dünner Sirup entstanden ist. Sirup leicht abkühlen lassen.

5. In der Zwischenzeit die Lavendelblüten mit den Zitronenscheiben in ein verschließbares vorbereitetes, ausreichend großes Glas schichten und mit dem leicht abgekühlten Zuckersirup aufgießen. Das Glas mit dem Deckel verschließen und den Sirup etwa 24 Stunden bei Zimmertemperatur durchziehen lassen.

6. Ein Küchensieb mit einem gut ausgewaschenen Geschirrtuch oder Mulltuch auslegen. Den Sirup durch das Tuch in einen Topf abgießen. Den Sirup nochmals zum Kochen bringen und 1–2 Minuten kochen lassen.

7. Den Sirup noch kochend heiß in vorbereitete Flaschen (mit Dreh- oder Schnappverschluss) füllen und sofort verschließen.

TIPPS:

Da der Sirup sehr konzentriert ist, sollte er in mehreren kleinen Flaschen abgefüllt werden. Es werden immer nur kleine Mengen zum Mischen gebraucht.
Nach dem Öffnen im Kühlschrank lagern und innerhalb der nächsten 1–2 Wochen verbrauchen.
Als Alternative zu Limonade, mit Mineralwasser gemischt, eiskalt servieren.
Den Lavendelblütensirup zum Verfeinern von Sekt, Kuchen und Dessert verwenden.
Oder einfach ein Fläschchen vom selbst gemachten Sirup verschenken.

REZEPTVARIANTE:

Für **Lavendel-Thymian-Öl** (1 Flasche etwa 500 ml) 3 Stängel Thymian, 1 Stängel Lavendel, 1 Stängel Lavendel mit Blüte abspülen und trocken tupfen. Kräuterstängel auf Küchenpapier legen und etwa 3 Tage trocknen lassen. Kräuterstängel in eine vorbereitete Flasche geben. Die Flasche mit 500 ml Olivenöl auffüllen und verschließen. Lavendel-Thymian-Öl mindestens 2 Wochen an einem kühlen Ort (Keller) durchziehen lassen.

Lavendel
Blüten
Sirup

LEMON CURD

Zubereitungszeit: 35 Minuten
Haltbarkeit: im Kühlschrank 2–3 Wochen

ZUTATEN FÜR 2 GLÄSER JE ETWA 230 ML

3 Bio-Zitronen (unbehandelt, ungewachst)
200 g Zucker
100 g Butter
3 Eier (Größe M)

INSGESAMT:

E: 20 g, F: 99 g, Kh: 206 g, kcal: 1817

1. Zitronen heiß abwaschen und abtrocknen. Die Schale der Zitronen fein abreiben. Zitronen halbieren, den Saft auspressen und 150 ml abmessen.

2. Zitronenschale, -saft, Zucker und Butter über dem heißen Wasserbad so lange rühren, bis die Butter geschmolzen ist. Eier in einer Rührschüssel mit dem Schneebesen leicht schaumig schlagen und zur Zitronenmasse geben.

3. Die Zitronen-Eier-Masse über dem heißen Wasserbad so lange rühren, bis eine cremige Masse entstanden ist.

4. Den fertigen Lemon Curd durch ein feines Küchensieb passieren und noch heiß randvoll in vorbereitete Gläser füllen.

5. Die Gläser sofort mit Twist-off-Deckeln® verschließen, umdrehen und etwa 5 Minuten auf den Deckeln stehen lassen.

TIPPS:

Passt gut zu Scones, Muffins und als Aufstrich zum Hefezopf.
Kann zum Bestreichen von mehrschichtigen Torten oder Biskuitrouladen oder zum Abschmecken von Bratensaucen verwendet werden.

REZEPTVARIANTE 1:

Für **Orange Curd** anstelle der 3 Bio-Zitronen 2 Bio-Orangen verwenden und 150 ml Saft abmessen.

REZEPTVARIANTE 2:

Für **Lemon Curd mit Weißwein** (2–3 Gläser je 200 ml) von 5 Zitronen den Saft auspressen und 150 ml davon abmessen. Von 2 Orangen den Saft auspressen und 100 ml abmessen. 100 g Butter in einem Topf bei mittlerer Hitze zerlassen. 30 g gesiebte Speisestärke darin unter Rühren so lange erhitzen, bis sie hellgelb ist. Zitronen-, Orangensaft und 150 ml Weißwein unter Rühren mit einem Schneebesen hinzufügen. Dabei darauf achten, dass keine Klümpchen entstehen. 150 g Zucker und 1 Päckchen Finesse Geriebene Zitronenschale hinzufügen, unter Rühren zum Kochen bringen und etwa 2 Minuten kochen lassen, dabei ab und zu umrühren. Topf von der Kochstelle nehmen. Das Kochgut sofort randvoll in vorbereitete Gläser füllen und mit Twist-off-Deckeln® verschließen. Gläser umdrehen und etwa 5 Minuten auf den Deckeln stehen lassen. Kühl und dunkel gestellt hält sich der Lemon Curd mit Weißwein etwa 4 Wochen, geöffnete Gläser innerhalb von 3 Wochen verbrauchen.

Von Herzen

LIMETTENLIKÖR

- Zubereitungszeit: 30 Minuten, ohne Abkühlzeit
  Durchziehzeit: etwa 4 Wochen
  Haltbarkeit: gekühlt 4–6 Wochen
- ▲ Mit Alkohol

ZUTATEN FÜR 1 GLAS ETWA 1 L

150 ml Wasser
250 g Rohrzucker
4 Bio-Limetten (unbehandelt, ungewachst)
1 Zimtstange
550 ml Rum (54 Vol.-%)

INSGESAMT:

E: 0 g, F: 0 g, Kh: 251 g, kcal: 2694

1. Wasser mit Rohrzucker in einem Topf zum Kochen bringen und kurz aufkochen lassen. Zuckerlösung erkalten lassen.

2. Die Limetten heiß abwaschen, abtrocknen und 2 Limetten dünn schälen. Limetten halbieren und den Saft auspressen.

3. Danach die Limettenschale mit Limettensaft, Zimtstange, Zuckerlösung und Rum in eine vorbereitete Flasche geben. Die Flasche mit einem Flaschenverschluss fest verschließen und einmal kräftig durchschütteln. An einem kühlen Ort etwa 4 Wochen durchziehen lassen.

4. Nach der Durchziehzeit den Likör in kleine, vorbereitete Flaschen abfiltern und die Flaschen gut verschließen.

REZEPTVARIANTE:

Für eine **Limettenmarmelade** insgesamt 2 Bio-Limetten (unbehandelt, ungewachst) und 1 Bio-Zitrone (unbehandelt, ungewachst) heiß abwaschen, abtrocknen. Die Schale jeweils dünn abschälen und in feine Streifen schneiden. Die Bio-Limetten und 6 normale Limetten halbieren und auspressen. 3 normale Zitronen und die Bio-Zitrone so dick schälen, dass die weiße Haut vollständig entfernt wird. Die Zitronen filetieren, dabei den Saft auffangen. Zitrusschale, -saft und -filets in einen Messbecher geben und mit Wasser auf 850 ml auffüllen. Alles in einen großen Topf geben. 1 Beutel Gelfix Classic 1:1 (20 g) zuerst mit 2 Esslöffeln Zucker mischen, dann mit der Fruchtmasse gut verrühren. Die Zutaten unter Rühren bei starker Hitze zum Kochen bringen. Danach 1120 g Zucker hinzufügen. Alles unter Rühren wieder zum Kochen bringen und mindestens 3 Minuten unter ständigem Rühren sprudelnd kochen lassen. Topf von der Kochstelle nehmen. Kochgut evtl. abschäumen und sofort randvoll in 7–8 vorbereitete Gläser (je etwa 200 ml) füllen. Die Gläser mit Twist-off-Deckeln® verschließen, umdrehen und etwa 5 Minuten auf den Deckeln stehen lassen. Kühl und dunkel gestellt hält sich die Marmelade etwa 1 Jahr.

MANDARINEN-INGWER-MARMELADE

Zubereitungszeit: 45 Minuten
Haltbarkeit: kühl und dunkel gestellt 3–4 Monate

ZUTATEN FÜR 4 GLÄSER JE ETWA 200 ML

750 g Mandarinensaft und -Fruchtfleisch (von 15–18 kernlosen Mandarinen, vorbereitet gewogen)
50 ml Limettensaft
1 geh. TL fein gehackter Ingwer
1 Beutel Gelfix Extra 2:1 (25 g)
400 g brauner Zucker (Rohrzucker)

INSGESAMT:

E: 6 g, F: 2 g, Kh: 484 g, kcal: 2027

1. Mandarinen schälen, enthäuten, mit einem Stabmixer pürieren und anschließend durch ein Sieb passieren. Von dem Mandarinensaft und Fruchtfleisch 750 g abmessen und in einen großen Kochtopf geben. Limettensaft und Ingwer hinzufügen.

2. Gelfix Extra mit Zucker mischen und gut unter die Fruchtmasse rühren. Die Zutaten unter Rühren bei starker Hitze zum Kochen bringen und unter ständigem Rühren mindestens 3 Minuten sprudelnd kochen lassen. Den Topf von der Kochstelle nehmen.

3. Das Kochgut evtl. abschäumen und sofort randvoll in vorbereitete Gläser füllen. Die Gläser mit Twist-off-Deckeln® verschließen, umdrehen und etwa 5 Minuten auf den Deckeln stehen lassen.

MANDARINEN-KUMQUAT-ORANGEN-MARMELADE

Zubereitungszeit: 45 Minuten
Haltbarkeit: kühl und dunkel gestellt 3–4 Monate

ZUTATEN FÜR 5 GLÄSER JE ETWA 200 ML

400 g Kumquats (vorbereitet gewogen)
300 g Mandarinen-Fruchtfleisch (von 5–6 Mandarinen, vorbereitet gewogen)
300 g Orangenfilets mit -saft (von 3–4 Orangen, vorbereitet gewogen)
500 g Extra Gelierzucker 2:1

INSGESAMT:

E: 8 g, F: 3 g, Kh: 606 g, kcal: 2531

1. Kumquats heiß abspülen, abtrocknen, entstielen, halbieren, entkernen, in dünne Scheiben schneiden und 400 g abwiegen. Mandarinen schälen und die weiße Haut vollständig entfernen. Mandarinen vierteln, mit einem Stabmixer pürieren und 300 g abwiegen.

2. Orangen so schälen, dass die weiße Haut vollständig entfernt wird. Orangen filetieren, dabei den Saft auffangen. Von den Orangenfilets mit dem Saft insgesamt 300 g abwiegen.

3. Die vorbereiteten Früchte in einen großen Kochtopf geben. Gelierzucker hinzugeben und gut verrühren.

4. Die Zutaten unter Rühren bei starker Hitze zum Kochen bringen und unter ständigem Rühren mindestens 3 Minuten sprudelnd kochen lassen. Den Topf von der Kochstelle nehmen.

5. Das Kochgut evtl. abschäumen und sofort randvoll in vorbereitete Gläser füllen.

6. Die Gläser mit Twist-off-Deckeln® verschließen, umdrehen und etwa 5 Minuten auf den Deckeln stehen lassen.

MANDARINEN-PUNSCH-GELEE MIT PHYSALIS

Zubereitungszeit: 30 Minuten
Haltbarkeit: kühl und dunkel gestellt etwa 6 Monate

ZUTATEN FÜR 5 GLÄSER JE ETWA 300 ML

etwa 20 Mandarinen
1 Pck. Zitronensäure (5 g)
200 g getrocknete Physalis
550 ml klarer Apfelsaft (Handelsware)
500 g Super Gelierzucker 3:1
2 Beutel Punsch- oder Glühfix (je 2 g)

INSGESAMT:

E: 20 g, F: 11 g, Kh: 691 g, kcal: 3163

1. Die Mandarinen halbieren und auspressen. 750 ml Fruchtsaft abmessen und in einen großen Kochtopf geben. Zitronensäure unterrühren.

2. Getrocknete Physalis halbieren oder feiner hacken und hinzugeben. Apfelsaft und Gelierzucker unterrühren. Die Gewürzbeutel zugeben.

3. Die Zutaten unter Rühren bei starker Hitze zum Kochen bringen und unter ständigem Rühren mindestens 3 Minuten sprudelnd kochen lassen. Dabei darauf achten, dass die Gewürzbeutel nicht zerreißen. Den Kochtopf von der Kochstelle nehmen. Gewürzbeutel entfernen und vorsichtig ausdrücken.

4. Das Kochgut evtl. abschäumen und sofort randvoll in vorbereitete Gläser füllen. Die Gläser mit Twist-off-Deckeln® verschließen, umdrehen und etwa 5 Minuten auf den Deckeln stehen lassen.

REZEPTVARIANTE 1:

Für **Mandarinenmarmelade** 500 g abgetropfte Mandarinen (aus der Dose) bei Bedarf klein schneiden. Saft von 1 Zitrone mit etwa 450 ml Orangensaft auf 500 ml auffüllen. Mandarinen und den Saft in einen großen Kochtopf geben. 350 g Zucker mit 1 Beutel Gelfix Super 3:1 (25 g) mischen und mit der Fruchtmasse gut verrühren. Die Zutaten unter Rühren bei starker Hitze zum Kochen bringen und unter ständigem Rühren mindestens 3 Minuten sprudelnd kochen lassen. Den Topf von der Kochstelle nehmen. Das Kochgut evtl. abschäumen und sofort randvoll in 4 vorbereitete Gläser (je 200 ml) füllen. Die Gläser mit Twist-off-Deckeln® verschließen, umdrehen und etwa 5 Minuten auf den Deckeln stehen lassen. Die Gläser während des Erkaltens gelegentlich umdrehen, damit sich die Mandarinenstücke besser verteilen. Kühl und dunkel gestellt hält sich die Marmelade etwa 6 Monate.

REZEPTVARIANTE 2:

Für eine Mandarinen-Grapefruit-Marmelade 600 g rosa Grapefruit-Filets (vorbereitet gewogen) Grapefruitstücke in einen großen Kochtopf geben. 400 g Mandarinen-Fruchtfleisch (vorbereitet gewogen) mit den Grapefruitstücken vermischen. 1 Beutel Gelfix Classic 1:1 (20 g) zuerst mit 2 Esslöffeln Zucker mischen, dann mit der Fruchtmasse verrühren. Die Zutaten unter Rühren bei starker Hitze zum Kochen bringen. Sobald alles bei ständigem Rühren sprudelnd kocht, 1120 g Zucker hinzufügen. Alles unter Rühren wieder zum Kochen bringen und unter ständigem Rühren mindestens 3 Minuten sprudelnd kochen lassen. Topf von der Kochstelle nehmen. 2 Esslöffel Orangenlikör unterrühren. Das Kochgut eventuell abschäumen und sofort randvoll in vorbereitete Gläser füllen. Gläser mit Twist-off-Deckeln® verschließen, umdrehen und etwa 5 Minuten auf den Deckeln stehen lassen. Kühl und dunkel gestellt hält sich die Marmelade etwa 1 Jahr.

MANGO-BIRNEN-AVOCADO-KONFITÜRE

● Zubereitungszeit: 35 Minuten
Haltbarkeit: kühl und dunkel gestellt 3–4 Monate
▲ Mit Alkohol

ZUTATEN FÜR 5 GLÄSER JE ETWA 200 ML

400 g reife Mango (vorbereitet gewogen)
400 g reife Birnen (vorbereitet gewogen)
150 g Avocado (vorbereitet gewogen)
50 ml Weißwein
1 Zimtstange
500 g Extra Gelierzucker 2:1
evtl. 1 Pck. Zitronensäure (5 g)

INSGESAMT:

E: 6 g, F: 22 g, Kh: 598 g, kcal: 2658

1. Die Mango jeweils in der Mitte längs durchschneiden und den Stein herauslösen. Dann die Mangohälften schälen, in kleine Stücke schneiden und 400 g abwiegen. Die Birnen schälen, vierteln, entkernen, in kleine Stücke schneiden und 400 g abwiegen. Die Avocado in der Mitte längs durchschneiden und den Stein herauslösen. Avocadohälften schälen, in Stücke schneiden und 150 g abwiegen.

2. Vorbereitete Fruchtstücke, Weißwein und Zimtstange in einen großen Kochtopf geben, mit Extra Gelierzucker und nach Belieben mit Zitronensäure gut verrühren. Die Zutaten unter Rühren bei starker Hitze zum Kochen bringen und unter ständigem Rühren mindestens 3 Minuten sprudelnd kochen lassen. Den Topf von der Kochstelle nehmen.

3. Das Kochgut evtl. abschäumen und sofort randvoll in vorbereitete Gläser füllen. Die Gläser mit Twist-off-Deckeln® verschließen, umdrehen und etwa 5 Minuten auf den Deckeln stehen lassen.

TIPPS:

Statt Weißwein Birnenlikör oder Birnen- oder Bananennektar verwenden.
Sie können auch den Weißwein durch 50 ml Zitronensaft ersetzen, dann keine Zitronensäure verwenden.

MANGO-CHUTNEY

- Zubereitungszeit: 45 Minuten
  Haltbarkeit: kühl und dunkel gestellt etwa 1 Jahr
- ▲ Mit Alkohol

ZUTATEN FÜR 3 GLÄSER JE ETWA 200 ML

400 g Mango
(von etwa 2 Mangos, vorbereitet gewogen)
100 g Zwiebeln (vorbereitet gewogen)
2–3 Stücke abgetropfter, eingelegter Ingwer
(aus dem Glas)
1 TL grüne Pfefferkörner in Lake
180 ml Weißwein
2 EL Weißweinessig
60 g Rosinen
125 g Extra Gelierzucker 2:1
Salz, Currypulver

INSGESAMT:

E: 6 g, F: 3 g, Kh: 223 g, kcal: 1099

1. Von den Mangos das Fruchtfleisch vom Stein schneiden. Fruchtfleisch schälen, in kleine Würfel schneiden und 400 g abwiegen.

2. Zwiebeln abziehen, ebenfalls klein würfeln und 100 g abwiegen. Ingwer klein schneiden. Pfefferkörner abspülen und abtropfen lassen.

3. Die vorbereiteten Zutaten in einen großen Kochtopf geben. Wein, Essig, Rosinen und Extra Gelierzucker hinzugeben, unter Rühren zum Kochen bringen und unter gelegentlichem Rühren etwa 5 Minuten kochen lassen.

4. Chutney mit Salz und Curry abschmecken, sofort in vorbereitete Gläser füllen.

5. Gläser mit Twist-off-Deckeln® verschließen, umdrehen und etwa 5 Minuten auf den Deckeln stehen lassen.

TIPP:

Mango-Chutney schmeckt sehr gut zu gegrilltem Fleisch und Geflügel.

Mango
Konfitüre
pikant

MANGOKONFITÜRE, PIKANT

Zubereitungszeit: 25–30 Minuten
Haltbarkeit: kühl, dunkel und trocken gestellt etwa 1 Jahr

ZUTATEN FÜR 5 GLÄSER JE ETWA 200 ML

2 Mangos (etwa 1100 g)
3 rote Pfefferschoten
200 ml Maracujasaft
1 Pck. Zitronensäure (5 g)
500 g Extra Gelierzucker 2:1

INSGESAMT:

E: 12 g, F: 1 g, Kh: 599 g, kcal: 2567

1. Mangos schälen, das Fruchtfleisch vom Stein schneiden und würfeln. Mangowürfel in eine hohe Schüssel geben und mit einem Pürierstab pürieren. Das sollte etwa 750 g Mangofruchtpüree ergeben. Pfefferschoten abspülen, trocken tupfen und die Stängelansätze abschneiden. Schoten längs halbieren, entkernen und in sehr kleine Würfel schneiden.

2. Vorbereitete Zutaten mit Maracujasaft, Zitronensäure und Gelierzucker in einem ausreichend großen Topf vermischen und unter Rühren zum Kochen bringen.

3. Die Zutaten bei starker Hitze unter Rühren mindestens 3 Minuten sprudelnd kochen lassen. Den Topf von der Kochstelle nehmen. Evtl. entstandenen Schaum mit einer Schaumkelle abnehmen. Die Konfitürenmasse noch heiß randvoll in vorbereitete Gläser füllen.

4. Die Gläser sofort mit Twist-off-Deckeln® verschließen, umdrehen und etwa 5 Minuten auf den Deckeln stehen lassen.

TIPP:

Je länger die Konfitüre gelagert wird, umso schärfer wird sie.

REZEPTVARIANTE:

Für **Pfirsich-Mango-Konfitüre** (etwa 5 Gläser je 200 ml) 700 g küchenfertige Pfirsiche in kleine Stücke schneiden. 300 g Mango-Fruchtfleisch in kleine Stücke schneiden. Jeweils die Hälfte der Pfirsich- und Mangostücke mit einem Pürierstab pürieren. Gesamte Früchte (Fruchtpüree und Fruchtstücke) in einen großen Kochtopf geben. 500 g Extra Gelierzucker 2:1 und 1 Pck. Zitronensäure (5 g) hinzufügen und gut verrühren. Die Zutaten unter Rühren bei starker Hitze zum Kochen bringen und unter ständigem Rühren mindestens 3 Minuten sprudelnd kochen lassen. Den Topf von der Kochstelle nehmen. Das Kochgut evtl. abschäumen und sofort randvoll in vorbereitete Gläser füllen. Die Gläser mit Twist-off-Deckeln® verschließen, umdrehen und etwa 5 Minuten auf den Deckeln stehen lassen.

MARONEN-BIRNEN-KONFITÜRE

Zubereitungszeit 40 Minuten, ohne Abkühlzeit
Garzeit: etwa 20 Minuten
Haltbarkeit: kühl und dunkel gestellt
3–4 Monate

ZUTATEN FÜR 4–5 GLÄSER JE ETWA 400 ML

500 g frische Maronen (Esskastanien)
200 ml frisch gepresster Orangensaft
(von etwa 3 Orangen)
etwa 1,2 kg reife Birnen,
z. B. Williams Christbirnen
1 Vanilleschote
1 ½ TL Anissamen
2 Pck. Zitronensäure (je 5 g)
1 Beutel Gelfix Classic 1:1 (20 g)
1 kg Zucker

INSGESAMT:

E: 13 g, F: 8 g, Kh: 1213 g, kcal: 5131

1. Die Maronen verlesen, in einer mit Wasser gefüllten Schüssel waschen, dabei an der Wasseroberfläche schwimmende Maronen aussortieren. Die Maronen mit einem spitzen Messer leicht anritzen, dann mit Wasser bedeckt in einem Topf zum Kochen bringen. Die Maronen etwa 20 Minuten garen.

2. Die Maronen in ein Sieb abgießen, abtropfen lassen und in kaltem Wasser handwarm abkühlen lassen. Die Maronen schälen. 250 g Maronenfruchtfleisch abwiegen, in Würfel schneiden und mit dem Orangensaft in einem Mixer fein pürieren.

3. Die Birnen schälen, vierteln und entkernen. 700 g Birnen-Fruchtfleisch abwiegen und in feine Würfel schneiden. Birnenwürfel und Maronenpüree in einem großen Topf verrühren.

4. Die Vanilleschote längs aufschneiden und das Mark herausschaben. Vanillemark und -schote zu der Fruchtmischung geben. Anissamen in einem Mörser leicht zerdrücken, mit der Zitronensäure ebenfalls unterrühren.

5. Gelfix Classic mit 2 Esslöffeln vom Zucker vermischen und unter die Fruchtmischung rühren.

6. Die Zutaten unter Rühren bei starker Hitze zum Kochen bringen. Sobald alles bei ständigem Rühren sprudelnd kocht, restlichen Zucker unterrühren. Das Ganze unter Rühren wieder zum Kochen bringen und unter ständigem Rühren mindestens 3 Minuten sprudelnd kochen lassen. Den Kochtopf von der Kochstelle nehmen. Die Vanilleschote entfernen.

7. Das Kochgut evtl. abschäumen, sofort randvoll in vorbereitete Gläser füllen. Die Gläser mit Twist-off-Deckeln® verschließen, umdrehen und etwa 5 Minuten auf den Deckeln stehen lassen.

für
Svenja

MELONEN-BANANEN-KONFITÜRE MIT KOKOSMILCH UND ZITRONENGRAS

Zubereitungszeit: 40 Minuten, ohne Abkühlzeit
Haltbarkeit: kühl und dunkel gestellt
3–4 Monate

ZUTATEN FÜR 5 GLÄSER JE ETWA 200 ML

35 g Zitronengras (3–4 Stangen)
250 ml Kokosmilch (ungesüßt)
400 g Melonen-Fruchtfleisch
(reife Cantaloup oder Galia, vorbereitet gewogen)
300 g Bananen-Fruchtfleisch
(vorbereitet gewogen)
100 ml Limettensaft
500 g Extra Gelierzucker 2:1
1 Pck. Zitronensäure (5 g)

INSGESAMT:

E: 10 g, F: 35 g, Kh: 608 g, kcal: 2841

1. Von den Zitronengrasstangen evtl. die äußeren, harten Stängel entfernen. Enden und Spitzen etwas abschneiden. Stangen längs halbieren und in etwa 4 cm lange Stücke schneiden. Die Zitronengrasstücke mit der Kokosmilch in einem Topf zum Kochen bringen und 2–3 Minuten bei schwacher Hitze kochen lassen.

2. Den Topf von der Kochstelle nehmen. Kokos-Zitronengras-Milch erkalten lassen.

3. Anschließend durch ein Sieb gießen, dabei die Flüssigkeit auffangen und 200 ml Kokos-Zitronen-Milch abmessen.

4. Melonen halbieren und die Kerne mit einem Löffel herauskratzen. Melonenhälften in Spalten schneiden und die Spalten schälen. Von dem Fruchtfleisch 400 g abwiegen und in kleine Würfel schneiden. Die Bananen schälen, ebenfalls klein würfeln und 300 g abwiegen. Die Melonen- und Bananenwürfel mit Kokos-Zitronen-Milch und dem Limettensaft in einen großen Kochtopf geben, mit Extra Gelierzucker und Zitronensäure gut verrühren.

5. Die Zutaten unter Rühren bei starker Hitze zum Kochen bringen und unter ständigem Rühren mindestens 3 Minuten sprudelnd kochen lassen. Den Topf von der Kochstelle nehmen.

6. Das Kochgut evtl. abschäumen und sofort randvoll in vorbereitete Gläser füllen. Die Gläser mit Twist-off-Deckeln® verschließen, umdrehen und etwa 5 Minuten auf den Deckeln stehen lassen.

MIRABELLENKONFITÜRE

Zubereitungszeit: 45 Minuten
Haltbarkeit: kühl und dunkel gestellt etwa 1 Jahr

ZUTATEN FÜR 7 GLÄSER JE ETWA 200 ML

1 kg Mirabellen (von etwa 1,5 kg Mirabellen, vorbereitet gewogen)
1 Beutel Gelfix Classic 1:1 (20 g)
1150 g Zucker

INSGESAMT:

E: 7 g, F: 2 g, Kh: 1294 g, kcal: 5283

1. Die Mirabellen abspülen, gut abtropfen lassen, entstielen, halbieren und entsteinen. Mirabellenhälften in kleine Stücke schneiden, 1 kg abwiegen und in einen großen Kochtopf geben.

2. Gelfix Classic zuerst mit 2 Esslöffeln der abgewogenen Zuckermenge mischen, dann mit den Fruchtstückchen gut verrühren.

3. Die Zutaten unter Rühren bei starker Hitze zum Kochen bringen. Sobald alles bei ständigem Rühren sprudelnd kocht, restlichen Zucker hinzufügen.

4. Alles unter Rühren wieder zum Kochen bringen und unter ständigem Rühren mindestens 3 Minuten sprudelnd kochen lassen. Den Topf von der Kochstelle nehmen.

5. Das Kochgut evtl. abschäumen und sofort randvoll in vorbereitete Gläser füllen. Die Gläser mit Twist-off-Deckeln® verschließen, umdrehen und etwa 5 Minuten auf den Deckeln stehen lassen.

TIPP:

Sofort nach dem Kochen der Konfitüre 4 Esslöffel Mirabellengeist oder Zwetschenwasser unter die Konfitüre rühren.

MISPEL-HIMBEER-KONFITÜRE

Zubereitungszeit: 60 Minuten
Haltbarkeit: kühl und dunkel gestellt etwa 6 Monate

ZUTATEN FÜR 5 GLÄSER JE ETWA 200 ML

200 g Himbeeren (von etwa 250 g Himbeeren, vorbereitet gewogen)
800 g Japanische Mispeln (Loquats, von etwa 1,2 kg Mispeln, vorbereitet gewogen)
500 g Extra Gelierzucker 2:1

INSGESAMT:

E: 7 g, F: 2 g, Kh: 571 g, kcal: 2368

1. Himbeeren verlesen, evtl. kurz abspülen, trocken tupfen und 200 g abwiegen.

2. Mispeln abspülen, abtropfen lassen, vierteln und entkernen. Von den Mispelvierteln die Haut abziehen und die Blütenreste entfernen (evtl. Handschuhe anziehen, da die Früchte leicht färben). Das Fruchtfleisch in sehr kleine Würfel schneiden und 800 g abwiegen.

3. Himbeeren und Mispel-Fruchtfleisch in einen großen Kochtopf geben, mit Extra Gelierzucker gut verrühren. Dann die Zutaten unter Rühren bei starker Hitze zum Kochen bringen und unter ständigem Rühren mindestens 3 Minuten sprudelnd kochen lassen. Den Topf von der Kochstelle nehmen.

4. Das Kochgut evtl. abschäumen und sofort randvoll in vorbereitete Gläser füllen. Gläser mit Twist-off-Deckeln® verschließen, umdrehen und etwa 5 Minuten auf den Deckeln stehen lassen.

TIPP:

Anstelle von frischen Himbeeren können Sie auch TK-Himbeeren verwenden. Früchte einfach tiefgekühlt abwiegen, auftauen lassen und den entstehenden Saft bei der Zubereitung mitverwenden.

MISPEL-KIWI-KONFITÜRE

Zubereitungszeit: 40 Minuten
Haltbarkeit: kühl und dunkel gestellt etwa 6 Monate

ZUTATEN FÜR 5 GLÄSER JE ETWA 200 ML

5 gelbe Kiwis (etwa 500 g)
2 Bio-Zitronen (unbehandelt, ungewachst)
etwa 800 g Japanische Mispeln (Loquats)
500 g Extra Gelierzucker 2:1

INSGESAMT:

E: 7 g, F: 4 g, Kh: 575 g, kcal: 2478

1. Kiwis dünn schälen, in kleine Würfel schneiden und 400 g abwiegen.

2. Zitronen heiß abwaschen und abtrocknen. 1 Zitrone sehr dünn schälen. Die Schale in feine Streifen schneiden. Die Schale der zweiten Zitrone dünn abreiben. Beide Zitronen halbieren, auspressen und 80 ml Saft abmessen.

3. Mispeln abspülen, abtropfen lassen, vierteln und entkernen. Von den Mispelvierteln die Haut abziehen und die Blütenreste entfernen (evtl. Handschuhe anziehen, da die Früchte leicht färben).

4. Das Mispel-Fruchtfleisch sehr fein würfeln und 500 g abwiegen.

5. Kiwi- und Mispelwürfel mit dem Zitronensaft und der Zitronenschale in einen großen Kochtopf geben und gut verrühren. Extra Gelierzucker unterrühren.

6. Die Zutaten unter Rühren bei starker Hitze zum Kochen bringen und unter ständigem Rühren mindestens 3 Minuten sprudelnd kochen lassen. Den Topf von der Kochstelle nehmen.

7. Das Kochgut evtl. abschäumen und sofort randvoll in vorbereitete Gläser füllen. Die Gläser mit Twist-off-Deckeln® verschließen, umdrehen und etwa 5 Minuten auf den Deckeln stehen lassen.

TIPP:

Die Konfitüre schmeckt auch gut zu gebratener Hähnchenbrust. Nach dem Braten einfach etwas Konfitüre in die heiße Pfanne geben und mit dem Bratensatz verrühren. Evtl. mit etwas Cayennepfeffer oder Ingwer würzen.

MISPEL-RHABARBER-KONFITÜRE

Zubereitungszeit: 60 Minuten
Haltbarkeit: kühl und dunkel gestellt etwa 6 Monate

ZUTATEN FÜR 5 GLÄSER JE ETWA 200 ML

500 g Rhabarber (von etwa 750 g Rhabarber, vorbereitet gewogen)
500 g Japanische Mispeln (Loquats, von etwa 800 g Mispeln, vorbereitet gewogen)
4 EL Zitronensaft
1 Pck. Bourbon-Vanille-Zucker
500 g Extra Gelierzucker 2:1

INSGESAMT:

E: 6 g, F: 2 g, Kh: 551 g, kcal: 2289

1. Rhabarber putzen, die Stielenden und Blattansätze entfernen. Rhabarberstangen evtl. abziehen, abspülen, abtropfen lassen, in kleine Würfel schneiden und 500 g abwiegen.

2. Mispeln abspülen, abtropfen lassen, vierteln und entkernen. Von den Mispelvierteln die Haut abziehen und die Blütenreste entfernen (evtl. Handschuhe anziehen, da die Früchte leicht färben.)

3. Das Fruchtfleisch in sehr kleine Würfel schneiden, 500 g abwiegen, mit den Rhabarberwürfeln und dem Zitronensaft in einem großen Kochtopf vermischen. Vanille-Zucker und Gelierzucker gut unterrühren.

4. Die Zutaten unter Rühren bei starker Hitze zum Kochen bringen und unter ständigem Rühren mindestens 3 Minuten sprudelnd kochen lassen. Den Topf von der Kochstelle nehmen.

5. Das Kochgut evtl. abschäumen und sofort randvoll in vorbereitete Gläser füllen. Gläser mit Twist-off-Deckeln® verschließen, umdrehen und etwa 5 Minuten auf den Deckeln stehen lassen.

TIPP:

Für eine schnelle Sauce zum Eis, einfach etwas Apfelsaft unter die Konfitüre rühren, evtl. erwärmen und zu Vanille- oder Joghurteis servieren.

WARENKUNDE:

Die leuchtend orangefarbenen Mispeln erhalten Sie bei türkischen Gemüsehändlern meistens von Ende Mai bis Ende Juni.

MIXED PICKLES MIT INGWER UND MINZE

Zubereitungszeit: 30 Minuten, ohne Einlegzeit
Durchziehzeit: etwa 6 Wochen
Haltbarkeit: kühl, dunkel und trocken gestellt 6–9 Monate

ZUTATEN FÜR 3 GLÄSER JE ETWA 750 ML

1 kg gemischtes Gemüse, je nach Saison, z. B. 1 kleine Fenchelknolle, Möhren, Staudensellerie, rote und gelbe Paprikaschoten, Frühlingszwiebeln, Blumenkohl, Brokkoli oder Romanesco
110 g Meersalz
3 Stängel frische Minze
1 walnussgroßes Stück Ingwer
1 l Reisessig

INSGESAMT:

E: 18 g, F: 2 g, Kh: 36 g, kcal: 395

1. Von der Fenchelknolle die Stiele dicht oberhalb der Knolle abschneiden. Braune Stellen und Blätter entfernen. Wurzelende gerade schneiden. Die Knolle waschen, abtropfen lassen, halbieren und in Spalten schneiden. Möhren putzen, schälen, waschen, abtropfen lassen. Staudensellerie putzen und die harten Außenfäden abziehen. Sellerie waschen, abtropfen lassen. Möhren und Selleriestangen vierteln.

2. Paprikaschoten halbieren, entstielen, entkernen und die weißen Scheidewände entfernen. Schotenhälften waschen, trocken tupfen und in Streifen schneiden. Frühlingszwiebeln putzen, waschen und abtropfen lassen. Das Grün der Frühlingszwiebeln abschneiden (wird zäh). Blumenkohl, Brokkoli oder Romanesco putzen, Blätter und schlechte Stellen entfernen. Den Kohl in Röschen teilen, waschen und abtropfen lassen.

3. Vorbereitetes Gemüse in eine große Schüssel geben und mit Salz bestreuen. Einen Teller zum Beschweren darauflegen. Gemüse 10–12 Stunden durchziehen lassen.

4. Gemüse unter fließendem kalten Wasser abspülen, in einem Sieb gut abtropfen lassen und mit Küchenpapier trocken tupfen.

5. Minze abspülen und trocken tupfen. Ingwer schälen und in dünne Scheiben schneiden.

6. Das Gemüse mit Minze und Ingwerscheiben in vorbereitete Gläser füllen, mit dem Reisessig übergießen (Gläser vorsichtig aufstoßen, um Luftblasen zu entfernen). Die Gläser mit einem Twist-off-Deckel® fest verschließen (Deckel sollte säurebeständig sein). Mixed Pickles etwa 6 Wochen kalt, dunkel und trocken gestellt vor dem Verzehr durchziehen lassen.

MÖHREN-CHAMPIGNONS, EINGELEGT

Zubereitungszeit: 40 Minuten
Durchziehzeit: 2–3 Tage
Haltbarkeit: gekühlt 2–3 Wochen

ZUTATEN FÜR 2 GLÄSER JE ETWA 500 ML

400 g nicht zu kleine Möhren
200 g sehr kleine Champignons
Saft von 1 Zitrone
1 Bund Frühlingszwiebeln

FÜR DIE ESSIGLÖSUNG:

250 ml Rotweinessig
2 EL Zucker
125 ml Wasser
2 TL weiße Pfefferkörner
1 TL Fenchelsamen
3 Salbeiblättchen
1–2 Lorbeerblätter
Salz
2 Msp. Einmach-Hilfe

INSGESAMT:

E: 15 g, F: 2 g, Kh: 71 g, kcal: 425

1. Möhren putzen, schälen, waschen, abtropfen lassen und längs in regelmäßigen Abständen 4–5 Vertiefungen ausschneiden. Möhren in Scheiben schneiden (dadurch entsteht eine Blütenform). Möhrenscheiben mit den ausgeschnittenen Möhrenstreifen in einen Kochtopf geben.

2. Champignons putzen, mit Küchenpapier abreiben, eventuell abspülen und trocken tupfen. Champignons mit Zitronensaft zu den Möhrenscheiben geben.

3. Frühlingszwiebeln putzen, waschen, abtropfen lassen und in Stücke schneiden.

4. Für die Essiglösung Essig mit Zucker, Wasser, Pfefferkörnern, Fenchelsamen, Salbeiblättchen, Lorbeerblättern und Salz in einem Topf zum Kochen bringen.

5. Möhrenscheiben und Champignons hinzufügen, zum Kochen bringen und etwa 5 Minuten ziehen lassen. Topf von der Kochstelle nehmen.

6. Möhrenscheiben mit Champignons und Frühlingszwiebeln in vorbereitete Gläser füllen.

7. Die Essiglösung nochmals zum Kochen bringen. Den Topf von der Kochstelle nehmen und Einmach-Hilfe unterrühren. Die Essiglösung über das Gemüse gießen. Die Gläser sofort mit Twist-off-Deckeln® verschließen und kalt gestellt mindestens 2–3 Tage vor dem Verzehr durchziehen lassen.

MÖHREN-ORANGEN-SAFT

Zubereitungszeit: 20 Minuten
Haltbarkeit: kühl, dunkel und trocken gestellt etwa 6 Monate

ZUTATEN FÜR 2 L

etwa 4 kg Möhren
4 saftige Orangen
4 EL Zucker
1 Prise Salz

INSGESAMT:

E: 20 g, F: 0 g, Kh: 180 g, kcal: 804

1. Möhren putzen, abspülen, abtropfen lassen und mithilfe eines Slow Juicers/Kaltentsafters entsaften (bitte Gebrauchsanleitung des Gerätе-herstellers beachten). Orangen halbieren und den Saft auspressen.

2. Möhren- und Orangensaft mit Zucker und Salz in einem Topf zum Kochen bringen und 4–5 Minuten kochen lassen.

3. Den Saft noch kochend heiß in vorbereitete Flaschen (mit Dreh- oder Schnappverschluss) füllen und sofort verschließen.

TIPPS:

Der Zucker kann durch Honig ersetzt werden.
Die 4 Orangen können durch 2 Grapefruits ersetzt werden.
Man kann den Zucker auch weglassen, dann ist der Saft nicht mehr ganz so lecker und es verkürzt sich die Haltbarkeit.
Wer keine Gerätschaften zum Kaltentsaften besitzt, kann die Möhren auch durch Pürieren zu Saft verarbeiten. Hierfür die vorbereiteten Möhren in kleine Stücke schneiden. Die Möhrenstücke in einem Topf mit einem Pürierstab pürieren. Dabei ggf. etwas Wasser hinzufügen, sodass am Ende eine Art Püree entsteht. Etwa 1 ½ Liter heißes Wasser hinzufügen und umrühren. Die Masse etwa 30 Minuten ziehen lassen. Die Flüssigkeit in ein feines Sieb geben, den Saft dabei auffangen. Den Saft wie beschrieben weiterverarbeiten.

REZEPTVARIANTE:

Für **Rhabarbersaft** (6–7 Flaschen je 500 ml) 5 kg Rhabarber abspülen, gut abtropfen lassen, Stielenden und Blattansätze entfernen. Rhabarberstangen nicht abziehen und in sehr kleine Stücke schneiden. Die Rhabarberstücke in einen großen Kochtopf geben. 1 Liter Wasser hinzugießen. Rhabarber zugedeckt bei schwacher Hitze weich, aber nicht musig kochen, dabei ab und zu umrühren. Den Topf von der Kochstelle nehmen. Ein großes Sieb mit einem feuchten Küchentuch (Mulltuch) auslegen und über eine Schüssel hängen. Den Rhabarberfruchtbrei daraufgeben, damit der Saft ablaufen kann. Den Fruchtbrei nach dem Erkalten mithilfe des Tuches ausdrücken. Den gewonnenen Saft abmessen, in einen großen Kochtopf geben und mit etwa 1 ½ kg Zucker (je nach Saftausbeute) verrühren (auf 1 Liter Saft 600 g Zucker). Alles einmal aufkochen lassen und dann abschäumen. Den Topf von der Kochstelle nehmen. 2 Messerspitzen Einmach-Hilfe in den heißen Saft rühren, heiß in vorbereitete Flaschen füllen und sofort verschließen.

Möhren
Orangen
Saft

NASHI-ANANAS-AUFSTRICH (IM FOTO LINKS)

● Zubereitungszeit: 30 Minuten
Haltbarkeit: kühl und dunkel gestellt 6–8 Monate

ZUTATEN FÜR 5 GLÄSER JE ETWA 200 ML

etwa 4 Nashi-Birnen
200 ml Blutorangensaft (von etwa 3 Blutorangen)
120 ml Limettensaft (von etwa 5 Limetten)
200 g Ananas-Fruchtfleisch
500 g Extra Gelierzucker 2:1

INSGESAMT:

E: 5 g, F: 2 g, Kh: 594 g, kcal: 2483

1. Nashi-Birnen vierteln, schälen, entkernen und fein würfeln. 500 g Nashi-Fruchtfleisch abwiegen und sofort mit dem Blutorangen- und Limettensaft in einem großen Topf verrühren.

2. Ananas-Fruchtfleisch in sehr feine Stücke schneiden, mit dem Extra Gelierzucker in den Topf geben und alles gut verrühren. Die Zutaten unter Rühren bei starker Hitze zum Kochen bringen und unter ständigem Rühren mindestens 3 Minuten sprudelnd kochen lassen. Den Kochtopf von der Kochstelle nehmen.

3. Das Kochgut evtl. abschäumen, sofort randvoll in vorbereitete Gläser füllen. Die Gläser mit Twist-off-Deckeln® verschließen, umdrehen und etwa 5 Minuten auf den Deckeln stehen lassen.

NASHI-LIMETTEN-AUFSTRICH (IM FOTO RECHTS)

● Zubereitungszeit: 30 Minuten
Haltbarkeit: kühl und dunkel gestellt 6–8 Monate

ZUTATEN FÜR 5 GLÄSER JE ETWA 200 ML

etwa 1,4 kg Nashi-Früchte (5–6 Stück)
150 ml Limettensaft (von etwa 6 Limetten)
2–3 TL Minzaroma-Sirup
500 g Extra Gelierzucker 2:1
1 Pck. Zitronensäure (5 g)

INSGESAMT:

E: 5 g, F: 2 g, Kh: 611 g, kcal: 2568

1. Die Nashi-Birnen vierteln, schälen, entkernen und fein würfeln. 900 g Fruchtfleisch abwiegen und sofort mit dem Limettensaft in einem großen Topf verrühren. Minzaroma-Sirup, Gelierzucker und Zitronensäure hinzugeben und alles gründlich verrühren. Die Mischung etwas Saft ziehen lassen und dann etwa die Hälfte des Fruchtfleisches im Topf fein pürieren.

2. Die Zutaten unter Rühren bei starker Hitze zum Kochen bringen und unter ständigem Rühren mindestens 3 Minuten sprudelnd kochen lassen. Den Kochtopf von der Kochstelle nehmen.

3. Das Kochgut evtl. abschäumen, sofort randvoll in vorbereitete Gläser füllen. Die Gläser mit Twist-off-Deckeln® verschließen, umdrehen und etwa 5 Minuten auf den Deckeln stehen lassen.

NEKTARINEN-HIMBEER-SCHICHTKONFITÜRE

Zubereitungszeit: 45 Minuten, ohne Abkühlzeit
Haltbarkeit: kühl und dunkel gestellt 3–4 Monate

ZUTATEN FÜR 5 GLÄSER JE ETWA 200 ML

FÜR DIE HIMBEERKONFITÜRE:

500 g Himbeeren (vorbereitet gewogen)
1 TL Zitronenschale
(von 1 Bio-Zitrone [unbehandelt, ungewachst])
1 EL Zitronensaft
5 Minzeblättchen
250 g Extra Gelierzucker 2:1

FÜR DIE NEKTARINENKONFITÜRE:

500 g Nektarinen (vorbereitet gewogen)
1 Pck. Bourbon-Vanille-Zucker
250 g Extra Gelierzucker 2:1

INSGESAMT:

E: 11 g, F: 2 g, Kh: 588 g, kcal: 2471

1. Für die Himbeerkonfitüre Himbeeren verlesen und 500 g abwiegen. Zitrone heiß abwaschen, abtrocknen und ein Viertel der Schale abreiben.

2. Zitrone halbieren, den Saft auspressen und 1 Esslöffel davon abmessen. Die Minzeblättchen abspülen, trocken tupfen und in Streifen schneiden.

3. Für die Nektarinenkonfitüre Nektarinen kurz in kochendes Wasser legen, herausnehmen und in kaltem Wasser abschrecken. Von den Nektarinen die Haut abziehen. Nektarinen halbieren und entsteinen.

4. Das Fruchtfleisch in kleine Würfel schneiden und 500 g Fruchtfleisch abwiegen.

5. Für die Nektarinenkonfitüre die vorbereiteten Nektarinenwürfel und den Vanille-Zucker in einen kleinen Topf (etwa 2 l Inhalt) geben. Mit Extra Gelierzucker gut verrühren.

6. Die Zutaten unter Rühren bei starker Hitze zum Kochen bringen und unter ständigem Rühren mindestens 3 Minuten sprudelnd kochen lassen. Den Topf von der Kochstelle nehmen.

7. Das Kochgut evtl. abschäumen und sofort bis zur Hälfte in vorbereitete Gläser füllen. Die Konfitüre etwa 15 Minuten abkühlen lassen. Danach die Nektarinenkonfitüre bis zur Hälfte in die vorbereiteten Gläser füllen.

8. Für die Himbeerkonfitüre vorbereitete Himbeeren, Zitronenschale und den Zitronensaft in einen kleinen Topf (etwa 2 l Inhalt) geben. Mit Extra Gelierzucker gut verrühren.

9. Die Zutaten unter Rühren bei starker Hitze zum Kochen bringen und unter ständigem Rühren mindestens 2 Minuten sprudelnd kochen lassen.

10. Die Minzestreifen hinzufügen, wieder zum Kochen bringen und unter ständigem Rühren noch 1 Minute sprudelnd kochen lassen. Den Topf von der Kochstelle nehmen.

11. Das Kochgut evtl. abschäumen und vorsichtig mit einem Esslöffel auf der Nektarinenkonfitüre verteilen, bis die Gläser randvoll sind.

12. Die Gläser mit Twist-off-Deckeln® verschließen und erkalten lassen. Nicht stürzen, sonst laufen die Konfitüren ineinander.

TIPP:

Statt Nektarinen können auch 500 g Aprikosen (vorbereitet gewogen) verwendet werden.

Orangen
Marmelade

ORANGENMARMELADE

Zubereitungszeit: 45 Minuten
Haltbarkeit: kühl und dunkel gestellt etwa 1 Jahr

ZUTATEN FÜR 7–8 GLÄSER JE 200 ML

25 g Orangenschale (von etwa 3 Bio-Orangen, unbehandelt, ungewachst, vorbereitet gewogen)
1 kg Orangenfilets mit -saft (von den Bio-Orangen und 7–8 weiteren Orangen, vorbereitet gewogen)
1 Beutel Gelfix Classic 1:1 (20 g)
1150 g Zucker

INSGESAMT:

E: 10 g, F: 2 g, Kh: 1243 g, kcal: 5105

1. Bio-Orangen heiß abwaschen, abtrocknen und die Schale dünn abschälen. Orangenschale in Streifen schneiden und 25 g abwiegen. Alle Orangen so schälen, dass die weiße Haut vollständig entfernt wird. Die Orangen filetieren und in Stücke schneiden, dabei den Saft auffangen und insgesamt 1 kg abwiegen.

2. Orangenfilets mit -saft in einen großen Kochtopf geben und mit einem Pürierstab pürieren, Orangenschale untermischen. Gelfix Classic zuerst mit 2 Esslöffeln der abgewogenen Zuckermenge vermischen, dann mit der Orangenmasse gut verrühren.

3. Die Zutaten unter Rühren bei starker Hitze zum Kochen bringen. Sobald alles bei ständigem Rühren sprudelnd kocht, restlichen Zucker hinzufügen. Alles unter Rühren wieder zum Kochen bringen und unter ständigem Rühren mindestens 3 Minuten sprudelnd kochen lassen. Den Topf von der Kochstelle nehmen.

4. Das Kochgut evtl. abschäumen und sofort randvoll in vorbereitete Gläser füllen. Die Gläser mit Twist-off-Deckeln® verschließen, umdrehen und etwa 5 Minuten auf den Deckeln stehen lassen.

TIPP:

Nach Belieben unter die fertig gekochte Marmelade 75 ml Whisky, Rum oder Orangenlikör rühren.

REZEPTVARIANTE:

Für eine **Orangen-Zitronen-Marmelade** 3 Bio-Orangen (unbehandelt, ungewachst) und 2 Bio-Zitronen heiß abwaschen, abtrocknen und die Schale abreiben. 6 weitere Orangen so schälen, dass die weiße Haut vollständig entfernt wird. Orangen filetieren, in Stücke schneiden und 800 g Fruchtfleisch abwiegen. Die Bio-Zitronen und 2 weitere Zitronen auspressen und 125 ml Zitronensaft abmessen. Orangen-Fruchtfleisch, -schale, Zitronenstreifen und -saft in einen großen Kochtopf geben. 1 Beutel Gelfix Classic 1:1 (20 g) zuerst mit 2 Esslöffeln Zucker mischen, dann mit der Fruchtmasse gut verrühren. Die Fruchtmasse unter Rühren bei starker Hitze zum Kochen bringen. Sobald alles bei ständigem Rühren sprudelnd kocht, 1120 g Zucker hinzufügen. Alles unter Rühren wieder zum Kochen bringen und unter ständigem Rühren mindestens 3 Minuten sprudelnd kochen lassen. Topf von der Kochstelle nehmen. 50 ml Orangenlikör unterrühren. Das Kochgut eventuell abschäumen und sofort randvoll in vorbereitete Gläser füllen. Gläser mit Twist-off-Deckeln® verschließen, umdrehen und etwa 5 Minuten auf den Deckeln stehen lassen. Kühl und dunkel gestellt hält sich die Marmelade etwa 1 Jahr.

ORANGENMARMELADE, ORIENTALISCH

Zubereitungszeit: 30 Minuten
Haltbarkeit: kühl und dunkel gestellt 6–8 Monate

ZUTATEN FÜR 6 GLÄSER JE ETWA 200 ML

5 Kardamomkapseln
2–3 Sternanis
300 ml Granatapfel-Mehrfruchtsaft (z. B. aus dem Tetrapak)
1 geh. TL Sumach (z. B. aus dem Gewürzladen oder orientalischen Lebensmittelläden) oder 1 TL fein abger. Limettenschale von 1 Bio-Limette (unbehandelt, ungewachst)
100 g flüssiger Honig
600 g Orangenfilets mit -saft (von etwa 5 Orangen)
500 g Extra Gelierzucker 2:1

INSGESAMT:

E: 9 g, F: 2 g, Kh: 650 g, kcal: 2727

1. Kardamomkapseln in einem Mörser leicht andrücken, mit Sternanis und Saft in einen großen Topf geben. Sumach oder Limettenschale und Honig unterrühren.

2. Die Orangen so schälen, dass die weiße Haut vollständig entfernt wird. Orangen filetieren, dabei den Saft auffangen. 600 g Orangen-Fruchtfleisch und -saft abwiegen und mit in den Topf geben.

3. Gelierzucker hinzugeben und alles gut miteinander verrühren. Die Zutaten unter Rühren bei starker Hitze zum Kochen bringen und unter ständigem Rühren mindestens 3 Minuten sprudelnd kochen lassen. Den Kochtopf von der Kochstelle nehmen. Die Gewürzstücke weitestgehend entfernen.

4. Das Kochgut evtl. abschäumen und sofort randvoll in vorbereitete Gläser füllen. Die Gläser mit Twist-off-Deckeln® verschließen, umdrehen und etwa 5 Minuten auf den Deckeln stehen lassen.

REZEPTVARIANTE:

Für eine **Orangen-Möhren-Konfitüre mit Cashewkernen** etwa 600 g Möhren putzen, schälen, abspülen, abtropfen lassen, auf einer Haushaltsreibe sehr fein reiben und 500 g abwiegen. 2 Bio-Orangen (unbehandelt, ungewachst) heiß abwaschen, abtrocknen und die Schale mit einem Zestenreißer abziehen oder dünn abschälen und anschließend in feine Streifen schneiden. Alle Orangen (insgesamt 5–6 Stück) so schälen, dass die weiße Haut vollständig entfernt wird, filetieren und in Stücke schneiden, dabei den Saft auffangen. 500 g Orangenstücke abwiegen, mit Möhren, 1 Beutel Gelfix Classic 1:1 (20 g) und 1150 g Zucker wie beschrieben kochen lassen. Den Topf von der Kochstelle nehmen. 3 Esslöffel Zitronensaft und 3 Esslöffel grob gehackte Cashewkerne unterrühren und die Masse in Gläser füllen. Kühl und dunkel gestellt hält sich die Konfitüre 3–4 Monate.

PAPRIKA MIT SCHAFSKÄSE, EINGELEGT

Zubereitungszeit: 35 Minuten, ohne Abkühlzeit
Garzeit: 10–15 Minuten
Durchziehzeit: etwa 5 Tage
Haltbarkeit: gekühlt etwa 10 Tage

ZUTATEN FÜR 4 GLÄSER JE ETWA 200 ML

je 3 rote, gelbe und grüne Paprikaschoten
300 g Schafskäse, im Stück
je 6 Schalotten und Knoblauchzehen
3 kleine rote Chilischoten
Saft von 3 Zitronen
½ TL Salz, frisch gem. Pfeffer
etwa 250 ml Olivenöl

INSGESAMT:

E: 71 g, F: 311 g, Kh: 77 g, kcal: 3393

1. Den Backofen vorheizen.
Ober-/Unterhitze: etwa 220 °C
Heißluft: etwa 200 °C

2. Paprika vierteln, entstielen, entkernen und die weißen Scheidewände entfernen. Schotenviertel waschen, abtropfen lassen, mit der Hautseite nach oben auf ein Backblech (gefettet) legen und für 10–15 Minuten in den vorgeheizten Backofen schieben.

3. Paprikaviertel so lange braten, bis die Haut dunkel wird und Blasen wirft. Das Backblech aus dem Backofen nehmen. Paprikaviertel mit einem feuchten Tuch bedecken und etwas abkühlen lassen. Dann die Haut abziehen.

4. Schafskäse in Würfel schneiden. Schalotten und Knoblauch abziehen, in grobe Stücke schneiden. Chilischoten waschen und abtropfen lassen.

5. Paprika, Schafskäse, Schalotten- und Knoblauchstücke und Chilischoten in vorbereitete Gläser füllen. Mit Zitronensaft, Salz und Pfeffer würzen. Die Gläser randvoll mit Olivenöl auffüllen. Die Gläser mit einem Deckel verschließen und gut gekühlt etwa 5 Tage durchziehen lassen.

6. Eingelegte Paprika mit Schafskäse bis zum Verzehr im Kühlschrank aufbewahren.

PAPRIKASCHOTEN, EINGELEGT

◔ Zubereitungszeit: 35 Minuten
Einkochzeit: etwa 30 Minuten
Haltbarkeit: kühl und dunkel gestellt etwa 6 Monate
▲ Mit Alkohol

ZUTATEN FÜR 2 EINKOCHGLÄSER JE ETWA 500 ML

je 250 g rote, grüne und gelbe Paprikaschoten
½ Bio-Zitrone (unbehandelt, ungewachst)
3 Knoblauchzehen
2 EL frische Majoranblättchen

FÜR DIE ESSIG-ZUCKER-LÖSUNG:

175 ml trockener Weißwein
175 ml Weißweinessig
175 ml Wasser
125 g Zucker
1 ½ TL Salz
1 TL Senfkörner
5 Pimentkörner
5 weiße Pfefferkörner

INSGESAMT:

E: 10 g, F: 4 g, Kh: 161 g, kcal: 898

1. Die Paprikaschoten halbieren, entstielen, entkernen und die weißen Scheidewände entfernen. Die Schotenhälften waschen, abtropfen lassen und dann in grobe Stücke schneiden. Zitrone heiß abwaschen, abtrocknen und in Scheiben schneiden. Knoblauch abziehen und in Scheiben schneiden. Majoranblättchen abspülen und trocken tupfen.

2. Paprikastücke mit Knoblauch-, Zitronenscheiben und Majoranblättchen randvoll in vorbereitete Einkochgläser schichten.

3. Wein, Essig, Wasser, Zucker, Salz und Gewürze in einem Topf zum Kochen bringen. Den Sud etwa 5 Minuten kochen lassen. Den heißen Sud über die Paprikastücke gießen.

4. Jeweils Gummiring und Deckel nass auf den gesäuberten Glasrand legen, mit Klammern verschließen. Gläser auf einen Auflagenrost in den Einkochtopf stellen. So viel kaltes Wasser hinzugießen, dass die Gläser zu ¾ im Wasser stehen.

5. Den Topf verschließen. Die Paprikaschoten etwa 30 Minuten bei etwa 75 °C einkochen. Die Gläser herausnehmen, erkalten lassen und kühl aufbewahren.

PAPRIKA-TOMATEN-SUGO

Zubereitungszeit: 40 Minuten
Haltbarkeit: im Kühlschrank 4–6 Wochen

ZUTATEN FÜR 5 GLÄSER JE ETWA 200 ML

2 rote Zwiebeln
2 Knoblauchzehen
1 rote Pfefferschote
je 1 rote und gelbe Paprikaschote
6 reife Fleischtomaten
4 EL Olivenöl
2 EL brauner Zucker
3–4 EL Tomatenmark
4 EL weißer Balsamico-Essig
1 Msp. gem Kreuzkümmel (Cumin)
Salz
gem. Pfeffer

INSGESAMT:

E: 20 g, F: 44 g, Kh: 95 g, kcal: 948

1. Zwiebeln und Knoblauch abziehen, fein würfeln. Pfefferschote abspülen, trocken tupfen und den Stängelansatz abschneiden. Schote längs halbieren und je nach Schärfewunsch entkernen oder nicht. Schote in Würfel schneiden. Paprikaschoten entstielen, halbieren, entkernen und die weißen Scheidewände entfernen. Schoten abspülen und trocken tupfen. Tomaten abspülen, abtropfen lassen, halbieren und die Stängelansätze herausschneiden. Paprikaschoten und Tomaten in Würfel schneiden.

2. Olivenöl in einem Topf erhitzen. Zwiebel-, Knoblauch- und Pfefferschotenwürfel darin 3–4 Minuten andünsten. Zucker einstreuen und karamellisieren lassen. Tomatenmark unterrühren, mit Essig ablöschen. Alles gut verrühren und die Paprika- und Tomatenwürfel hinzugeben.

3. Die Zutaten etwa 20 Minuten bei schwacher Hitze kochen lassen. Dabei hin und wieder umrühren.

4. Am Ende der Kochzeit Kreuzkümmel unterrühren, mit Salz und Pfeffer abschmecken.

5. Sugo noch heiß randvoll in vorbereitete Gläser füllen.

6. Die Gläser sofort mit Twist-off-Deckeln® verschließen, umdrehen und etwa 5 Minuten auf den Deckeln stehen lassen.

TIPP:

Paprika-Tomaten-Sugo schmeckt hervorragend als Sauce zu Pasta.

REZEPTVARIANTE:

Für einen **Tomaten-Kapern-Sugo** 3 Tomaten abspülen, abtrocknen, halbieren, vierteln und die Stängelansätze herausschneiden. Tomatenviertel entkernen und in kleine Würfel schneiden. 1 Bio-Zitrone (unbehandelt, ungewachst) heiß abwaschen, abtrocknen und die Schale fein abreiben. Die Zitrone halbieren und den Saft auspressen. Tomatenwürfel und 2 Teelöffel abgetropfte feine Kapern (aus dem Glas) in eine Schüssel geben. Zitronenschale und -saft, 1 Esslöffel flüssigen Honig, 4 Esslöffel Olivenöl und 2 Teelöffel TK-Petersilie hinzufügen. Die Zutaten gut vermischen. Den Tomaten-Kapern-Sugo mit Salz und gemahlenem Pfeffer würzen.

PESTO GENOVESE

Zubereitungszeit: 20 Minuten
Haltbarkeit: im Kühlschrank etwa 6 Wochen

ZUTATEN FÜR 1 GLAS ETWA 250 ML

3–4 Knoblauchzehen
1 gestr. TL Salz
50 g Pinienkerne
8 EL gehackte Basilikumblättchen
100 g ger. Pecorino oder Parmesan
200 ml kalt gepresstes Olivenöl

INSGESAMT:

E: 46 g, F: 260 g, Kh: 8 g, kcal: 2513

1. Knoblauch abziehen, mit Salz, Pinienkernen und Basilikumblättchen im Mörser so lange zerstoßen, bis eine cremige Masse entstanden ist. Oder die Zutaten in einen hohen Rührbecher geben und mit einem Pürierstab pürieren, bis eine cremige Masse entstanden ist.

2. Käse hinzufügen und unterarbeiten. Zuletzt Olivenöl unterrühren.

3. Pesto in vorbereitete Gläser füllen. Gläser mit Twist-off-Deckeln® verschließen.

TIPP:

Das Pesto zu Nudeln oder Tomaten mit Mozzarella reichen

REZEPTVARIANTE 1:

Für ein **Bärlauchpesto** 2 Bund Bärlauch (etwa 90 g) putzen, abspülen, trocken tupfen oder trocken schleudern und klein schneiden. 50 g Pinienkerne in einer Pfanne ohne Fett unter Wenden goldbraun rösten, herausnehmen und auf einem Teller abkühlen lassen. Pinienkerne, 100 ml Olivenöl und 50 ml Keimöl in einem hohen Rührbecher fein pürieren. Bärlauch hinzugeben, nochmals kurz pürieren. 120 g fein geraspelten Parmesan unterrühren, mit Salz und Pfeffer würzen. Das Pesto ist im Kühlschrank etwa 7 Tage haltbar.

REZEPTVARIANTE 2:

Für ein **Rucolapesto** 1 Bund Rucola (etwa 100 g) verlesen und dicke Stängel abschneiden. Rucola abspülen, gut abtropfen lassen und klein schneiden. 50 g Pinienkerne in einer Pfanne ohne Fett unter Wenden anrösten, herausnehmen und abkühlen lassen. Pinienkerne, 3 abgezogene Knoblauchzehen, 1 gestrichener Teelöffel Salz, 100 ml Olivenöl und 50 ml Traubenkernöl in einem hohen Rührbecher fein pürieren. Rucola hinzugeben, nochmals kurz pürieren. 120 g fein geraspelten Parmesan unterrühren. Pesto mit Salz und Pfeffer abschmecken. Das Pesto können Sie etwa 7 Tage im Kühlschrank aufbewahren.

PESTO ROSSO

Zubereitungszeit: 10 Minuten
Haltbarkeit: kalt gestellt etwa 3 Wochen

ZUTATEN FÜR 2–3 GLÄSER JE ETWA 200 ML

3 Knoblauchzehen
380 g getrocknete Tomaten, in Öl eingelegt
100 g Pinienkerne
80 ml Olivenöl oder Tomatenöl
(von den getrockneten Tomaten)
100 g ger. Parmesan
1 Bio-Zitrone (unbehandelt, ungewachst)
Salz

INSGESAMT:

E: 90 g, F: 190 g, Kh: 110 g, kcal: 2560

1. Knoblauch abziehen, in einen Blitzhacker geben. Getrocknete Tomaten abtropfen lassen, evtl. das Öl auffangen. Pinienkerne und Tomaten zum Knoblauch geben. Olivenöl oder aufgefangenes Tomatenöl (mit Olivenöl aufgefüllt) hinzugießen. Die Zutaten fein pürieren. Käse unterrühren.

2. Zitrone heiß abwaschen, abtrocknen, Schale abreiben. Zitrone halbieren, Saft auspressen. Zitronenschale und -saft zur Püreemasse geben, gut unterrühren. Pesto mit Salz abschmecken.

TIPPS:

Pesto rosso zu einem Brotfladen reichen.
Das Pesto passt auch sehr gut zu Fisch, Fleisch und Gemüse.
Anstelle der Pinienkerne können Sie auch die gleiche Menge gehobelte Mandeln oder Sonnenblumenkerne verwenden.
Pesto in ein Schraubverschlussglas geben, mit Olivenöl bedecken und mit dem Deckel verschließen. Kalt gestellt hält es sich etwa 3 Wochen.

REZEPTVARIANTE:

Für einen **roten Frischkäse-Pesto-Aufstrich** (etwa 500 g) 30 g Pinienkerne in einer Pfanne ohne Fett unter Wenden goldbraun rösten und abkühlen lassen. 50 g getrocknete Tomaten (in Öl eingelegt) in einem Sieb abtropfen lassen. ½ Bund Basilikum abspülen, trocken tupfen, die Blättchen von den Stängeln zupfen. Blättchen in feine Streifen schneiden. Pinienkerne fein hacken. 200 g Doppelrahm-Frischkäse und 200 g Ziegen-Frischkäse, z. B. Chavroux, mit etwa 50 g rotem Pesto (frisch oder aus dem Glas) glatt rühren. Pinienkerne, Tomatenstücke und Basilikumstreifen hinzufügen, mit Salz und Pfeffer würzen. Frischkäse-Pesto-Aufstrich in ein verschließbares Gefäß füllen und kalt stellen. Im Kühlschrank aufbewahrt hält sich der Aufstrich 3–4 Tage.

PFIRSICH-SEKT-KONFITÜRE

- Zubereitungszeit: 45 Minuten, ohne Entsaftungs- und Abkühlzeit
  Haltbarkeit: kühl und dunkel gestellt etwa 1 Jahr
- ▲ Mit Alkohol

ZUTATEN FÜR 3–4 GLÄSER JE ETWA 200 ML

550 ml Pfirsichsaft (von etwa 950 g Pfirsichen)
200 ml trockener Sekt
400 g Zucker
1 Beutel Gelfix Extra 2:1 (25 g)

INSGESAMT:

E: 4 g, F: 1 g, Kh: 478 g, kcal: 2076

1. Die Pfirsiche abspülen, abtropfen lassen, halbieren, entsteinen, in Stücke schneiden und mithilfe eines Schnellkochtopfes oder Dampfentsafters entsaften (Gebrauchsanleitung des Geräteherstellers beachten). Den Saft abkühlen lassen und 550 ml abmessen.

2. Pfirsichsaft und Sekt in einen großen Kochtopf geben. Abgewogene Zuckermenge mit Gelfix Extra mischen, dann mit der Saft-Sekt-Mischung gut verrühren.

3. Alles unter Rühren bei starker Hitze zum Kochen bringen und unter ständigem Rühren mindestens 3 Minuten sprudelnd kochen lassen. Den Topf von der Kochstelle nehmen.

4. Das Kochgut evtl. abschäumen und sofort randvoll in vorbereitete Gläser füllen. Die Gläser mit Twist-off-Deckeln® verschließen, umdrehen und etwa 5 Minuten auf den Deckeln stehen lassen.

PFLAUMEN, SÜSSSAUER-SCHARF

Zubereitungszeit: 50 Minuten, ohne Kühlzeit
Durchziehzeit: etwa 2 Tage
Haltbarkeit: gekühlt 6 Wochen
▲ Mit Alkohol

ZUTATEN FÜR 2 GLÄSER JE ETWA 500 ML

1 kg Pflaumen
50 g Ingwer
25 g rote Pfefferschoten
Schale von ½ Bio-Zitrone (unbehandelt, ungewachst)
50 ml Weiß- oder Rotweinessig
300 g brauner Zucker (Kandisfarin)
150 ml Rotwein
150 ml trockener Portwein
1 Zimtstange
1 Msp. Einmach-Hilfe

INSGESAMT:

E: 7 g, F: 2 g, Kh: 412 g, kcal: 1978

1. Pflaumen waschen, gut abtropfen lassen, entstielen, halbieren, entsteinen, vierteln und in eine große Schüssel geben. Ingwer schälen und in dünne Scheiben schneiden.

2. Pfefferschoten abspülen, trocken tupfen, halbieren, entkernen und quer in dünne Streifen schneiden (danach sehr gründlich die Hände waschen!).

3. Zitrone heiß abwaschen, abtrocknen und hauchdünn mit einem Sparschäler schälen.

4. Essig mit Zucker, Rotwein, Portwein, Ingwerscheiben, Pfefferschotenstreifen, Zitronenschale und Zimtstange in einem Topf aufkochen. Die Flüssigkeit über die Pflaumenhälften gießen und zugedeckt über Nacht kalt stellen.

5. Pflaumenviertel in einem Sieb abtropfen lassen, dabei den Sud auffangen. Pflaumenhälften in vorbereitete Gläser schichten. Gläser auf ein feuchtes Tuch stellen.

6. Sud nochmals aufkochen, eventuell mit Essig und Zucker abschmecken. Den Topf von der Kochstelle nehmen und Einmach-Hilfe unterrühren.

7. Den Sud kochend heiß über die Pflaumenhälften gießen, bis sie ganz mit dem Sud bedeckt sind. Die Gläser sofort mit Twist-off-Deckeln® verschließen, erkalten und etwa 2 Tage vor dem Verzehr durchziehen lassen.

TIPP:

Die Pflaumen zu Gänse-, Enten- oder Schweinebraten reichen.

PFLAUMENKETCHUP MIT SCHALOTTEN

- Zubereitungszeit: 75 Minuten
  Durchziehzeit: etwa 1 Woche
  Haltbarkeit: gekühlt etwa 3 Monate
- ▲ Mit Alkohol

ZUTATEN FÜR 2 FLASCHEN JE ETWA 500 ML

1 kg Pflaumen
250 g Schalotten
2 Knoblauchzehen
80 g Ingwer
abger. Schale von 2 Bio-Orangen (unbehandelt, ungewachst)
125 ml Rotwein
1 EL Essigessenz (25 % Säure)
150 g brauner Rohrzucker
4 getrocknete, zerriebene Chilischoten oder abgetropfte, eingelegte Chilischoten (aus dem Glas)
1 TL gem. Muskatblüte (Macis)
1 TL gem. Zimt
etwas gem. Gewürznelken
Salz

INSGESAMT:

E: 14 g, F: 4 g, Kh: 288 g, kcal: 1335

1. Pflaumen abspülen, abtropfen lassen, entstielen, halbieren und entsteinen. Schalotten und Knoblauch abziehen, in Würfel schneiden. Ingwer schälen und in Würfel schneiden. Orangen heiß abwaschen, abtrocknen und die Schale abreiben. Vorbereitete Zutaten mit den Pflaumenhälften in einen Topf geben.

2. Rotwein, Essigessenz, Rohrzucker, Chilischoten, Muskatblüte, Zimt, Nelken und Salz hinzugeben. Die Zutaten zum Kochen bringen und zugedeckt etwa 15 Minuten bei schwacher Hitze kochen lassen, dabei ab und zu umrühren.

3. Die Masse im offenen Topf unter weiterem, Rühren etwa 30 Minuten einkochen lassen.

4. Das Kochgut anschließend durch ein feines Sieb in einen Topf streichen (am besten mit dem Passierstab des Mixers oder einem Löffel) oder pürieren. Die Ketchupmasse erneut aufkochen und mit den Gewürzen abschmecken.

5. Ketchup sofort randvoll in vorbereitete Flaschen füllen. Flaschen mit Twist-off-Deckeln® verschließen. Flaschen umdrehen und etwa 5 Minuten auf den Deckeln stehen lassen.

TIPPS:

Zu Wild oder gebratenem Fisch reichen.
Wer nur kleine Mengen verbraucht, sollte das Ketchup gleich in kleinere Gläser oder Flaschen (etwa 200 ml) abfüllen.
Das Ketchup sollte vor dem ersten Verzehr etwa 1 Woche durchziehen. Angebrochenes Ketchup hält sich im Kühlschrank 8–10 Tage.

PINK-GRAPEFRUIT-MARMELADE

Zubereitungszeit: 60 Minuten
Haltbarkeit: kalt und dunkel gestellt etwa 1 Jahr

ZUTATEN FÜR 7 GLÄSER JE ETWA 200 ML

1 kg Pink-Grapefruit-Filets und -saft (von etwa 8 Grapefruits, vorbereitet gewogen)
1 Pck. Gelierpulver (20 g)
1150 g Zucker

INSGESAMT:

E: 6 g, F: 2 g, Kh: 1234 g, kcal: 5141

1. Die Grapefruits mit einem scharfen Messer so schälen, dass die weiße Haut vollständig entfernt wird. Die Fruchtfilets herausschneiden, den Saft dabei auffangen und insgesamt 1 kg abwiegen.

2. Das Gelierpulver mit 2 Esslöffeln des Zuckers mischen und dann mit den Grapefruitfilets und dem Saft in einem großen Kochtopf gut verrühren.

3. Die Fruchtmasse unter Rühren bei starker Hitze zum Kochen bringen. Sobald alles sprudelnd kocht, den restlichen Zucker hinzufügen. Die Masse unter ständigem Rühren mindestens 3 Minuten kochen lassen. Den Topf von der Herdplatte nehmen.

4. Die Fruchtmasse eventuell abschäumen und sofort randvoll in vorbereitete Gläser füllen. Die Gläser mit Twist-off-Deckeln® verschließen, umdrehen und etwa 5 Minuten auf den Deckeln stehen lassen.

TIPP:

Die Grapefruits können auch einfach ausgepresst werden und der Saft mit dem Fruchtfleisch verwendet werden.

REZEPTVARIANTE 1:

Für **Grapefruit-Granatapfel-Konfitüre** können Sie 100 g Grapefruits durch 100 ml frisch gepressten Granatapfelsaft ersetzen. Dazu 1 Granatapfel halbieren und den Saft mit einer Zitronenpresse auspressen.

REZEPTVARIANTE 2:

Für **Grapefruitmarmelade mit Schale** 1 Bio-Grapefruit (unbehandelt, ungewachst) heiß abwaschen, trocken reiben, dünn schälen und die Schale in sehr feine Streifen schneiden oder mit einem Zestenreißer abziehen. Die Schale mit den Grapefruit-Filets und dem Saft in den Kochtopf geben. Die gefüllten Gläser während des Erkaltens gelegentlich umdrehen, damit sich die Schale besser verteilt.

REZEPTVARIANTE 3:

Für **Grapefruit-Cointreau-Marmelade** 50 ml Cointreau (Orangenlikör) nach dem Kochen in die Marmelade rühren.

PITAHAYA-KONFITÜRE

◔ Zubereitungszeit: 35 Minuten
Haltbarkeit: kühl und dunkel gestellt 3–4 Monate
▲ Mit Alkohol

ZUTATEN FÜR 5 GLÄSER JE ETWA 200 ML

3–4 rote Pitahaya-Früchte
300 ml Ananassaft
1 EL Zitronensaft
500 g Extra Gelierzucker 2:1
2 EL Rum

INSGESAMT:

E: 7 g, F: 3 g, Kh: 565 g, kcal: 2393

1. Pitahayas halbieren und das Fruchtfleisch jeweils mit einem Löffel herauslösen. Das Fruchtfleisch mit einer Gabel zerdrücken, mit dem entstandenen Fruchtsaft insgesamt 600 g abwiegen und in einen Kochtopf geben.

2. Ananas-, Zitronensaft und Extra Gelierzucker hinzufügen und gut verrühren. Die Zutaten unter Rühren bei starker Hitze zum Kochen bringen und unter ständigem Rühren mindestens 3 Minuten sprudelnd kochen lassen. Den Topf von der Kochstelle nehmen. Rum unterrühren.

3. Das Kochgut evtl. abschäumen und sofort randvoll in vorbereitete Gläser füllen. Gläser mit Twist-off-Deckeln® verschließen, umdrehen und etwa 5 Minuten auf den Deckeln stehen lassen.

4. Die Gläser während des Erkaltens gelegentlich umdrehen, damit sich die Pitahayakerne gleichmäßig verteilen.

PREISELBEER-RELISH

Zubereitungszeit: 30 Minuten
Haltbarkeit: kühl, dunkel und trocken gestellt etwa 6 Monate
▲ Mit Alkohol

ZUTATEN FÜR 5 GLÄSER JE ETWA 200 ML

800 g Preiselbeeren (vorbereitet gewogen)
200 ml Cidre (Apfelwein)
250 g Extra Gelierzucker 2:1
1 Msp. gem. Gewürznelken
½ TL gem. Zimt

INSGESAMT:

E: 3 g, F: 4 g, Kh: 317 g, kcal: 1435

1. Preiselbeeren verlesen, abspülen, abtropfen lassen und 800 g abwiegen. Preiselbeeren mit Cidre, Gelierzucker, Nelken und Zimt in einen Kochtopf geben, unter Rühren zum Kochen bringen und etwa 5 Minuten ohne Deckel kochen lassen, dabei ab und zu umrühren.

2. Das Relish sofort randvoll in vorbereitete Gläser füllen, mit Twist-off-Deckeln® verschließen, umdrehen und etwa 5 Minuten auf den Deckeln stehen lassen.

TIPP:

Das Relish zu Geflügelgerichten, Gegrilltem oder Fleisch-Fondue reichen.

REZEPTVARIANTE:

Für eine **Preiselbeerkonfitüre** Preiselbeeren verlesen, abspülen, gut abtropfen lassen und 850 g abwiegen. Die Preiselbeeren mit 125 ml Portwein in einen großen Kochtopf geben. 1 Beutel Gelfix Classic 1:1 (20 g) mit 2 Esslöffeln Zucker mischen, dann mit der Preiselbeermasse gut verrühren. Die Zutaten unter Rühren bei starker Hitze zum Kochen bringen. Sobald alles bei ständigem Rühren sprudelnd kocht, 1120 g Zucker hinzufügen. Alles unter Rühren wieder zum Kochen bringen und unter ständigem Rühren etwa 3 Minuten sprudelnd kochen lassen. Danach den Topf von der Kochstelle nehmen. Das Kochgut evtl. abschäumen und sofort randvoll in 5 vorbereitete Gläser (je etwa 200 ml) füllen. Die Gläser mit Twist-off-Deckeln® verschließen, umdrehen und etwa 5 Minuten auf den Deckeln stehen lassen. Kühl und dunkel gestellt hält sich die Konfitüre 3–4 Monate.

PROVENZALISCHES GEMÜSE

Zubereitungszeit: 60 Minuten
Haltbarkeit: kühl und dunkel gestellt etwa 6 Monate
▲ Mit Alkohol

ZUTATEN FÜR 3–4 GLÄSER JE ETWA 370 ML

je 1–2 rote und gelbe Paprikaschoten (etwa 500 g)
je 250 g Zucchini und Auberginen
250 g kleine Tomaten

FÜR DEN SUD:

250 ml Weißwein
250 ml Weißweinessig
250 ml Wasser
¼ Bio-Zitrone (unbehandelt, ungewachst), in Scheiben
½ EL Senfkörner
je 7–8 Piment- und schwarze Pfefferkörner
1 ½ schwach geh. TL Salz
150 g Zucker

2–3 Knoblauchzehen
¼ Bund Thymian
1–2 Zweige Rosmarin
½ Pck. Einmach-Hilfe

INSGESAMT:

E: 17 g, F: 6 g, Kh: 193 g, kcal: 1128

1. Paprikaschoten halbieren, entstielen, entkernen und die weißen Scheidewände entfernen. Schoten waschen, abtropfen lassen und in breite Streifen schneiden. Zucchini waschen, abtrocknen und die Enden abschneiden. Zucchini in Größe der Paprikaschotenstreifen oder in Scheiben schneiden.

2. Auberginen waschen, abtrocknen und die Stängelansätze abschneiden. Auberginen in Größe der Zucchini schneiden. Tomaten waschen, abtropfen lassen, kreuzweise einschneiden und kurz in kochendes Wasser legen. Tomaten in kaltem Wasser abschrecken, enthäuten, halbieren, entkernen und die Stängelansätze herausschneiden.

3. Für den Sud Wein, Essig, Wasser, Zitronenscheiben, Senf-, Piment-, Pfefferkörner, Salz und Zucker in einem Topf zum Kochen bringen, zugedeckt etwa 10 Minuten kochen lassen. Paprikastreifen hinzugeben und weitere etwa 7 Minuten kochen lassen. Zucchini- und Auberginenstücke hinzufügen und nochmals weitere etwa 2 Minuten kochen lassen. Zuletzt Tomatenhälften unterheben und miterhitzen.

4. Knoblauch abziehen und in Scheiben schneiden. Thymian und Rosmarin abspülen und trocken tupfen. Die Blättchen bzw. Nadeln von den Stängeln zupfen.

5. Das gegarte Gemüse mit einer Schaumkelle aus dem Sud nehmen. Mit Knoblauchscheiben, Thymianblättchen und Rosmarinnadeln in vorbereitete Gläser füllen.

6. Den Sud wieder zum Kochen bringen und etwa 10 Minuten ohne Deckel kochen lassen. Den Topf von der Kochstelle nehmen, Einmach-Hilfe unter den Sud rühren. Den Sud durch ein Sieb geben und sofort randvoll in die Gläser gießen.

7. Die Gläser sofort mit Twist-off-Deckeln® verschließen, umdrehen und etwa 5 Minuten auf den Deckeln stehen lassen.

PUNSCHAUFSTRICH

- Zubereitungszeit: 20 Minuten
  Haltbarkeit: kühl und dunkel gestellt 3–4 Monate
- ▲ Mit Alkohol

ZUTATEN FÜR 3 GLÄSER JE ETWA 340 ML

250 ml frisch gepresster Orangensaft
500 ml roter Traubensaft
400 g brauner Zucker
1 Beutel Gelfix Extra 2:1 (25 g)
Saft von 1 Zitrone
3 Gewürznelken
8 Tropfen Rum-Aroma

INSGESAMT:

E: 3 g, F: 0 g, Kh: 513 g, kcal: 2112

1. Den Orangensaft durch ein Sieb in einen Kochtopf gießen. Den Traubensaft hinzugießen.

2. Zucker mit Gelfix Extra vermischen, dann mit dem Saftgemisch und dem Zitronensaft verrühren. Die Gewürznelken hinzufügen.

3. Die Zutaten unter Rühren bei starker Hitze zum Kochen bringen und unter ständigem Rühren mindestens 3 Minuten sprudelnd kochen lassen. Den Kochtopf von der Kochstelle nehmen. Das Rum-Aroma unterrühren

4. Das Kochgut evtl. abschäumen, Gewürznelken entfernen und sofort randvoll in vorbereitete Gläser füllen.

5. Gläser mit Twist-off-Deckeln® verschließen, umdrehen, etwa 5 Minuten auf den Deckeln stehen lassen.

QUITTENGELEE ROYAL

Zubereitungszeit: 60 Minuten, ohne Abtropfzeit
Haltbarkeit: kühl und dunkel gestellt etwa 1 Jahr

ZUTATEN FÜR 7–8 GLÄSER JE ETWA 200 ML

1 ½ kg reife Quitten (vorbereitet gewogen)
1125 ml Wasser
1 Beutel Gelfix Classic 1:1 (20 g)
1 kg Zucker

INSGESAMT:

E: 2 g, F: 2 g, Kh: 1045 g, kcal: 4257

1. Von den Quitten den Flaum mit einem trockenen Tuch abreiben. Quitten abspülen, abtropfen lassen, vierteln, Kerne und Blütenansätze entfernen. Quittenviertel in Stücke schneiden und 1 ½ kg abwiegen.

2. Quittenstücke mit dem Wasser in einen großen Kochtopf geben, zum Kochen bringen und zugedeckt etwa 40 Minuten bei schwacher Hitze kochen lassen.

3. Ein großes Sieb mit einem feuchten Geschirrtuch (Mulltuch) auslegen. Quittenstücke mit dem Saft hineingeben, gut abtropfen lassen, dabei den Saft auffangen und 850 ml abmessen.

4. Den Fruchtsaft in einen großen Kochtopf geben. Gelfix Classic zuerst mit 2 Esslöffeln der abgewogenen Zuckermenge mischen, dann mit dem Fruchtsaft gut verrühren.

5. Die Zutaten unter Rühren bei starker Hitze zum Kochen bringen. Sobald alles bei ständigem Rühren sprudelnd kocht, restlichen Zucker hinzufügen. Alles unter Rühren wieder zum Kochen bringen und unter ständigem Rühren mindestens 3 Minuten sprudelnd kochen lassen. Den Topf von der Kochstelle nehmen.

6. Das Kochgut evtl. abschäumen und sofort randvoll in vorbereitete Gläser füllen. Die Gläser mit Twist-off-Deckeln® verschließen, umdrehen und etwa 5 Minuten auf den Deckeln stehen lassen.

REZEPTVARIANTE:

Für **Quittenkonfitüre** 3–4 Quitten mit einem Tuch trocken abreiben, um den Flaum zu entfernen. Quitten waschen, abtropfen lassen, entstielen, achteln, entkernen und 1 kg abwiegen. Quitten in kleine Stücke schneiden, mit 250 ml Wasser in einem Topf zum Kochen bringen und zugedeckt etwa 20 Minuten kochen lassen. Den Topf von der Kochstelle nehmen, Quittenmasse abkühlen lassen. Die Quittenmasse in einen großen Kochtopf geben. 1 Beutel Gelfix Classic 1:1 (20 g) zuerst mit 2 Esslöffeln Zucker mischen, dann mit der Quittenmasse gut verrühren. Das Kochgut unter Rühren bei starker Hitze zum Kochen bringen. Sobald alles bei ständigem Rühren sprudelnd kocht, 1120 g Zucker hinzufügen. Alles unter Rühren wieder zum Kochen bringen und unter ständigem Rühren mindestens 3 Minuten sprudelnd kochen lassen. Topf von der Kochstelle nehmen. Das Kochgut eventuell abschäumen und sofort randvoll in vorbereitete Gläser füllen. Gläser mit Twist-off-Deckeln® verschließen, umdrehen und etwa 5 Minuten auf den Deckeln stehen lassen. Kühl und dunkel gestellt hält sich die Konfitüre etwa 1 Jahr.

QUITTENLIKÖR MIT WEINBRAND UND VANILLE

- Zubereitungszeit: 60 Minuten, ohne Abkühlzeit
  Garzeit: 60–90 Minuten
  Durchziehzeit: etwa 4 Wochen
  Haltbarkeit: gekühlt 6–12 Monate
- ▲ Mit Alkohol

ZUTATEN FÜR 1 GLAS ETWA 3,5 L

1½ kg Quitten
1 l Wasser
1 kg Zucker
1 Vanilleschote
2 l Weinbrand (43 Vol.-%)

INSGESAMT:

E: 1 g, F: 0,5 g, Kh: 1061 g, kcal: 8888

1. Von den Quitten den Flaum mit einem trockenen Tuch abreiben. Quitten schälen, halbieren, entkernen und in Spalten schneiden.

2. Wasser und Zucker in einem Topf zum Kochen bringen. Dann Quitten hinzugeben und 60–90 Minuten bei schwacher Hitze kochen lassen. Etwa 30 Minuten vor Ende der Garzeit Vanilleschote halbieren, das Mark mit einem Messerrücken herausschaben und zu den Quitten geben. Die Vanilleschote beiseitelegen. Den Topf von der Kochstelle nehmen. Quitten etwas abkühlen lassen und Weinbrand unterrühren.

3. Den Quittenlikör und die beiseitegelegte Vanilleschote in ein großes, gründlich gereinigtes, gespültes Glas füllen. Das Glas gut verschließen. Den Likör etwa 4 Wochen bei Zimmertemperatur durchziehen lassen. Anschließend durch ein feines Sieb gießen, in 3–5 gründlich gereinigte, gespülte Flaschen füllen, fest verschließen und gekühlt aufbewahren.

TIPPS:

Die ausgekratzte Vanilleschote nicht wegwerfen. Nach dem Abfüllen des Likörs die Schote klein schneiden und mit in die Flaschen geben. Die Schote verleiht dem Likör zusätzlich ein tolles Vanillearoma.
Die eingelegten und herausgefilterten Quitten schmecken toll zu einem Dessert, z. B. Vanille-Pudding.

QUITTEN-MANGO-FRUCHTAUFSTRICH

Zubereitungszeit: 40 Minuten
Haltbarkeit: kühl und dunkel gestellt etwa 6 Monate

ZUTATEN FÜR 4 GLÄSER JE ETWA 250 ML

etwa 1,2 kg reife Quitten
1 große Mango (etwa 600 g)
1 Bio-Limette (unbehandelt, ungewachst)
2–3 Limetten
350 g Diät Gelier-Fruchtzucker 3:1

INSGESAMT:

E: 7 g, F: 7 g, Kh: 610 g, kcal: 2718

1. Von den Quitten den Flaum mit einem trockenen Tuch abreiben. Quitten abspülen, abtropfen lassen und vierteln. Blüten-, Stielansätze und Kerne herausschneiden. Die Quitten mit einem Sparschäler fein schälen. 650 g abwiegen, sehr fein würfeln oder raspeln und in einen großen Topf geben.

2. Mango-Fruchtfleisch vom Stein schneiden und schälen. 350 g Mango-Fruchtfleisch abwiegen, in feine Würfel schneiden und mit den Quittenwürfeln oder -raspeln vermischen.

3. Die Bio-Limette heiß waschen, abtrocknen und die Schale fein abreiben. Alle Limetten halbieren und den Saft auspressen. 80–90 ml abmessen. Limettenschale, -saft und Gelier-Fruchtzucker in den Topf geben und alles gründlich miteinander vermischen.

4. Die Zutaten unter Rühren bei starker Hitze zum Kochen bringen und unter ständigem Rühren mindestens 3 Minuten sprudelnd kochen lassen. Den Kochtopf von der Kochstelle nehmen.

5. Das Kochgut evtl. abschäumen, sofort randvoll in vorbereitete Gläser füllen. Die Gläser mit Twist-off-Deckeln® verschließen, umdrehen und etwa 5 Minuten auf den Deckeln stehen lassen.

RADIESCHEN-MÖHREN-KONFITÜRE

Zubereitungszeit: 30 Minuten
Haltbarkeit: kühl und dunkel gestellt 2–3 Monate

ZUTATEN FÜR 3 GLÄSER JE ETWA 150 ML

etwa 300 g Radieschen
etwa 200 g Möhren
125 ml frisch gepresster Orangensaft
1 TL fein gehackter Ingwer
250 g Extra Gelierzucker 2:1

INSGESAMT:

E: 5 g, F: 1 g, Kh: 271 g, kcal: 1138

1. Radieschen und Möhren putzen. Möhren schälen. Radieschen und Möhren abspülen, gut abtropfen lassen und auf der Gemüsereibe fein raspeln. 250 g Radieschen- und 125 g Möhrenraspel abwiegen.

2. Die Gemüseraspel mit Orangensaft, gehacktem Ingwer und Gelierzucker in einem Kochtopf gut verrühren.

3. Die Zutaten unter Rühren bei starker Hitze zum Kochen bringen und unter ständigem Rühren mindestens 3 Minuten sprudelnd kochen lassen. Den Kochtopf von der Kochstelle nehmen.

4. Das Kochgut evtl. abschäumen und sofort randvoll in vorbereitete Gläser füllen. Gläser mit Twist-off-Deckeln® verschließen, umdrehen und etwa 5 Minuten auf den Deckeln stehen lassen.

TIPPS:

Die Konfitüre zu kaltem Braten- oder Geflügelaufschnitt reichen.
Oder Wraps mit der Konfitüre bestreichen und mit einer Hackfleischfüllung füllen.
Auch als pikante Beilage zu Fleisch-Fondue lecker.

RATATOUILLE, EINGEMACHT (WARM ODER KALT)

Zubereitungszeit: 40 Minuten
Haltbarkeit: kühl und dunkel gestellt mindestens 1–2 Monate

ZUTATEN FÜR 6 GLÄSER JE ETWA 500 ML

2 kg Paprikaschoten (rot, gelb, grün)
2 Gemüsezwiebeln, geschält (etwa 500 g)
6 Knoblauchzehen
10 EL Olivenöl
500 ml Schältomaten oder stückige Tomaten (Tetrapak)
Salz, gem. Pfeffer
2 mittelgroße Auberginen (etwa 440 g)
2 mittelgroße Zucchini (etwa 440 g)
1 Stängel Rosmarin
2 Stängel Thymian
Zucker

INSGESAMT:

E: 44 g, F: 109 g, Kh: 140 g, kcal: 1739

1. Paprikaschoten halbieren, entstielen, entkernen und die weißen Scheidewände entfernen. Die Schoten abspülen, abtropfen lassen und in 2–3 cm große Stücke schneiden. Zwiebeln und Knoblauch abziehen. Zwiebeln halbieren und in kleine Würfel schneiden. Knoblauch durch eine Knoblauchpresse drücken.

2. Drei Esslöffel des Olivenöls in einem großen Bräter oder Topf erhitzen. Zwiebelwürfel darin portionsweise etwa 5 Minuten unter Rühren goldgelb anbraten. Paprikastücke und Knoblauch portionsweise hinzugeben und weitere etwa 5 Minuten mitbraten lassen. Schältomaten oder stückige Tomaten hinzugeben, mit etwas Salz und Pfeffer würzen. Die Zutaten bei mittlerer Hitze unter gelegentlichem Rühren etwas sämig bis dickflüssig einkochen lassen.

3. Danach Auberginen und Zucchini abspülen, abtrocknen und die Stängelansätze bzw. Enden abschneiden. Auberginen und Zucchini in 2–3 cm große Würfel schneiden.

4. Restliches Olivenöl in einer großen, weiten Pfanne erhitzen. Die Auberginen- und Zucchiniwürfel darin nacheinander unter Rühren anbraten. Mit Salz und Pfeffer würzen. Rosmarin und Thymian abspülen und trocken tupfen. Die Nadeln bzw. Blättchen von den Stängeln zupfen. Nadeln und Blättchen klein schneiden.

5. Die Auberginen- und Zucchiniwürfel sowie die klein geschnittenen Kräuter zum etwas sämig eingekochten Zwiebel-Paprika-Tomaten-Gemisch geben und gut vermengen. Nochmals mit Salz, Pfeffer und etwas Zucker abschmecken.

6. Die heiße Ratatouillemasse sofort randvoll in vorbereitete Gläser füllen. Gläser mit Twist-off-Deckeln® verschließen, umdrehen und etwa 5 Minuten auf den Deckeln stehen lassen. Ratatouille kühl und dunkel stellen.

TIPP:

Schmeckt kalt lecker zu Gegrilltem, warm auf Crostini oder als Beilage zu Lammgerichten.

RHABARBER-ORANGEN-CHUTNEY

Zubereitungszeit: 80 Minuten
Durchziehzeit: 3–4 Wochen
Haltbarkeit: kühl, dunkel und trocken gestellt 6–9 Monate

ZUTATEN FÜR 3–4 GLÄSER JE 200 ML

250 g Rhabarber
120 g Zwiebeln
Schale und Saft von 1 Bio-Orange (unbehandelt, ungewachst)
100 g getrocknete Feigen
25 g Rosinen oder Sultaninen
220 g Zucker
220 ml Sherryessig
1 gestr. EL Senfkörner
8 Pimentkörner
1 gestr. EL schwarze Pfefferkörner

INSGESAMT:

E: 11 g, F: 3 g, Kh: 319 g, kcal: 1423

1. Von dem Rhabarber Stielenden und Blattansätze entfernen. Rhabarberstangen abziehen, waschen, abtropfen lassen und in feine Scheiben schneiden. Zwiebeln abziehen und in kleine Würfel schneiden.

2. Orange heiß abwaschen, abtrocknen und die Schale abreiben. Orange halbieren und den Saft auspressen. Getrocknete Feigen in kleine Würfel schneiden.

3. Vorbereitete Zutaten mit Rosinen oder Sultaninen, Zucker und Essig in einen Topf geben. Senf-, Pimentkörner und grob zerdrückte Pfefferkörner in ein Gewürzsäckchen geben und ebenfalls mit in den Topf geben.

4. Die Zutaten bei schwacher Hitze langsam erwärmen, bis der Zucker aufgelöst ist. Anschließend zum Kochen bringen und etwa 1 Stunde bei schwacher Hitze unter gelegentlichem Rühren leicht köcheln lassen, bis das Chutney eine marmeladenartige Konsistenz hat. Den Topf von der Kochstelle nehmen.

5. Gewürzsäckchen herausnehmen und die Flüssigkeit aus dem Säckchen in das Chutney drücken. Chutney in vorbereitete Gläser füllen, mit Twist-off-Deckeln® verschließen, umdrehen und etwa 5 Minuten auf den Deckeln stehen lassen.

6. Rhabarber-Orangen-Chutney gekühlt, dunkel und trocken gestellt vor dem Verzehr 3–4 Wochen durchziehen lassen.

REZEPTVARIANTE:

Für eine **Rhabarberkonfitüre** 1 kg Rhabarber putzen, abspülen, abtrocknen (nicht abziehen), die Stielenden und Blattansätze entfernen. Die Rhabarberstangen in sehr kleine Stücke schneiden. 1 Beutel Gelfix Classic 1:1 (20 g) zuerst mit 2 Esslöffeln Zucker mischen, dann mit den Rhabarberstücken gut verrühren. Die Zutaten unter Rühren bei starker Hitze zum Kochen bringen. Sobald alles bei ständigem Rühren sprudelnd kocht, 1120 g Zucker hinzufügen. Alles unter Rühren wieder zum Kochen bringen und unter ständigem Rühren mindestens 3 Minuten sprudelnd kochen lassen. Den Topf von der Kochstelle nehmen. Das Kochgut evtl. abschäumen und sofort randvoll in 7 vorbereitete Gläser (je etwa 200 ml) füllen. Die Gläser mit Twist-off-Deckeln® verschließen, umdrehen und etwa 5 Minuten auf den Deckeln stehen lassen. Kühl und dunkel gestellt hält sich die Konfitüre etwa 1 Jahr.

ROTE BETE, WÜRZIG EINGELEGT

Zubereitungszeit: 50 Minuten
Garzeit: etwa 60 Minuten
Haltbarkeit: dunkel gestellt etwa 6 Monate

ZUTATEN FÜR 3 GLÄSER JE ETWA 500 ML

4 große Knollen Rote Bete (etwa 1 kg)
5 Zwiebeln
2 Lorbeerblätter
12–15 Gewürznelken
12–15 Pimentkörner
1 EL Senfsamen

FÜR DIE ESSIG-ZUCKER-LÖSUNG:

500 ml Wasser
75 g Zucker, 1 gestr. TL Salz
250 ml Weißweinessig

INSGESAMT:

E: 21 g, F: 7 g, Kh: 163 g, kcal: 854

1. Von der Roten Bete Wurzeln und Blätter etwa 3 cm hoch über den Knollen abschneiden. Die Knollen mit der Bürste unter fließendem Wasser säubern, in kochendes Salzwasser (auf 1 l Wasser 1 TL Salz) geben, zum Kochen bringen und zugedeckt etwa 60 Minuten weich kochen lassen. Rote Bete aus dem Kochwasser nehmen, mit kaltem Wasser übergießen, schälen, vierteln und in Scheiben schneiden.

2. Zwiebeln abziehen und in Scheiben schneiden. Lorbeerblätter in kleine Stücke brechen. Danach die Rote-Bete-Scheiben mit Zwiebelscheiben, Lorbeerblattstückchen, Nelken, Piment- und Senfkörnern gleichmäßig in vorbereitete Gläser schichten.

3. Für die Essig-Zucker-Lösung Wasser mit Zucker und Salz in einem Topf kurz aufkochen lassen. Topf von der Kochstelle nehmen. Essig unterrühren.

4. Die Essig-Zucker-Lösung über die Rote-Bete-Scheiben gießen. Die Gläser sofort mit Twist-off-Deckeln® verschließen, umdrehen und etwa 5 Minuten auf den Deckeln stehen lassen.

ROTE-BETE-KONFITÜRE

Zubereitungszeit: 30 Minuten
Haltbarkeit: kühl und dunkel gestellt 2–3 Monate

ZUTATEN FÜR 3–4 GLÄSER JE ETWA 150 ML

etwa 500 g Rote Bete
1 Bio-Zitrone (unbehandelt, ungewachst)
2 Zitronen
75 ml Apfelschorle
250 g Extra Gelierzucker 2:1

INSGESAMT:

E: 6 g, F: 1 g, Kh: 283 g, kcal: 1199

1. Rote Bete unter fließendem kalten Wasser gründlich abbürsten, schälen (am besten mit Gummihandschuhen, da die Rote Bete stark färbt), abspülen, abtropfen lassen. Rote Bete auf einer Haushaltsreibe fein raspeln und 350 g abwiegen.

2. Die Bio-Zitrone heiß abwaschen, abtrocknen und von ½ Zitrone die Schale fein abreiben. Alle Zitronen halbieren, auspressen und 75 ml Saft abmessen.

3. Die Rote-Bete-Raspel mit der abgeriebenen Zitronenschale und dem Saft, der Apfelschorle und dem Gelierzucker in einem Kochtopf gut verrühren.

4. Die Zutaten unter Rühren bei starker Hitze zum Kochen bringen und unter ständigem Rühren mindestens 3 Minuten sprudelnd kochen lassen Den Kochtopf von der Kochstelle nehmen.

5. Das Kochgut sofort randvoll in vorbereitete Gläser füllen. Gläser mit Twist-off-Deckeln® verschließen, umdrehen und etwa 5 Minuten auf den Deckeln stehen lassen.

TIPPS:

Rote-Bete-Konfitüre z. B. zu würzigem Käse und Nussbrot oder mit frisch geriebenem Meerrettich zu gekochtem Rindfleisch reichen.
Die Konfitüre gibt auch Rotkohlgemüse eine neue Geschmacksnote.

ROTWEIN-PFLAUMEN, SÜSSSAUER

Zubereitungszeit: 20 Minuten
Einkochzeit: etwa 30 Minuten
Haltbarkeit: gekühlt etwa 6 Monate
▲ Mit Alkohol

ZUTATEN FÜR 3 DRAHTBÜGELGLÄSER JE ETWA 500 ML

1 ½ kg Pflaumen
100 ml Weißweinessig
100 ml Wasser
1–2 Gewürznelken
1–2 Zimtstangen
1 Stück getrockneter Ingwer
Schale von ½ Bio-Zitrone (unbehandelt, ungewachst)
250 g brauner Kandiszucker
300 ml Rotwein

INSGESAMT:

E: 9 g, F: 1 g, Kh: 372 g, kcal: 1797

1. Pflaumen waschen, gut abtropfen lassen und in Einkochgläsern verteilen.

2. Essig, Wasser, Nelken, Stangenzimt, Ingwer, Zitronenschale und Kandiszucker in einem Topf zum Kochen bringen. So lange unter Rühren kochen lassen, bis sich der Kandis vollständig aufgelöst hat. Die Gewürze mit einer Schaumkelle aus dem Sud nehmen. Rotwein unterrühren. Den Rotweinsud über die Pflaumen gießen.

3. Jeweils Gummiring und Deckel nass auf den gesäuberten Glasrand legen, mit Bügel oder Feder verschließen. Gläser auf einem Einsatz in den Einkochtopf stellen, so viel kaltes Wasser hinzugießen, dass die Gläser zu ¾ von Wasser umgeben sind. Den Topf verschließen. Die Pflaumen etwa 30 Minuten bei etwa 75 °C einkochen. Die Gläser herausnehmen, erkalten lassen und kühl aufbewahren.

RÜBCHEN, EINGELEGT

- Zubereitungszeit: 35 Minuten
  Garzeit: 30–60 Minuten
  Einkochzeit: etwa 35 Minuten
  Durchziehzeit: mindestens 3 Wochen
  Haltbarkeit: kühl und dunkel gestellt mindestens 6–9 Monate
- ▲ Mit Alkohol

ZUTATEN FÜR 4 GLÄSER JE ETWA 750 ML

1 kg kleine weiße Rüben
1 kg kleine rote Rüben
2 TL Kümmelsamen, ganz
400 g kleine Zwiebeln
6 Knoblauchzehen
50 g Ingwer
2 TL schwarze Pfefferkörner
1 TL Pimentkörner, ganz
250 ml Rotwein
750 ml Obstessig
500 ml Wasser
3–4 EL brauner Zucker
4 gestr. TL Salz

INSGESAMT:

E: 41 g, F: 4 g, Kh: 259 g, kcal: 1531

1. Die Rüben vorsichtig unter fließendem kalten Wasser abbürsten, dabei die kleinen Wurzeln nicht abreißen oder abschneiden, da die Rüben sonst beim Garen ausbluten.

2. Salzwasser in einem großen Topf zum Kochen bringen. Kümmel und die ungeschälten roten Rüben hinzugeben. Die roten Rüben zugedeckt 30–60 Minuten (je nach Größe) bei schwacher Hitze garen.

3. Inzwischen den Backofen vorheizen.
Ober-/Unterhitze: etwa 120 °C
Heißluft: etwa 100 °C

4. Eine Fettpfanne zur Hälfte mit Wasser füllen und in den Backofen schieben.

5. Zwiebeln und Knoblauch abziehen. Zwiebeln zuerst in Scheiben schneiden, dann in Ringe teilen. Knoblauch in Scheiben schneiden. Den Ingwer schälen und ebenfalls in Scheiben schneiden. Pfeffer- und Pimentkörner grob zerstoßen.

6. Rüben, Zwiebelringe, Knoblauch- und Ingwerscheiben abwechselnd in vorbereitete Gläser füllen.

7. Wein, Essig, Wasser, Pfeffer-, Pimentkörner, Zucker und Salz in einem Topf zum Kochen bringen. Die Flüssigkeit noch heiß über das Rüben-Zwiebel-Ingwer-Gemisch gießen, sodass die Zutaten bedeckt sind. Die Gläser sofort mit Twist-off-Deckeln® verschließen.

8. Die Gläser in die vorbereitete Fettpfanne stellen. Die Rübchen etwa 35 Minuten einkochen (sterilisieren).

9. Die Gläser kalt und dunkel stellen. Die eingelegten Rübchen mindestens 3 Wochen vor dem Servieren ziehen lassen.

SANDDORNGELEE

Zubereitungszeit: 15 Minuten
Haltbarkeit: kühl und dunkel gestellt etwa 1 Jahr

ZUTATEN FÜR 5 GLÄSER JE ETWA 200 ML

900 ml ungesüßter Sanddorn-Direktsaft
500 g Extra Gelierzucker 2:1

INSGESAMT:

E: 13 g, F: 64 g, Kh: 517 g, kcal: 2780

1. Sanddornsaft mit Extra Gelierzucker in einem großen Kochtopf gut verrühren.

2. Alles unter Rühren bei starker Hitze zum Kochen bringen und unter ständigem Rühren mindestens 3 Minuten sprudelnd kochen lassen. Den Topf von der Kochstelle nehmen.

3. Kochgut eventuell abschäumen und sofort randvoll in vorbereitete Gläser füllen. Die Gläser mit Twist-off-Deckeln® verschließen, umdrehen und etwa 5 Minuten auf den Deckeln stehen lassen.

TIPP:

Sie können den Saft auch selbst pressen. Dafür 1 ½ kg Sanddornbeeren verlesen, waschen, gut abtropfen lassen und in einem Topf mit Wasser bedeckt zum Kochen bringen. Sanddornbeeren bei schwacher Hitze einige Minuten kochen lassen. Den Fruchtbrei auf ein gespanntes Safttuch geben und gut ablaufen lassen. 900 ml Saft abmessen.

SANDDORN-ORANGEN-AUFSTRICH

Zubereitungszeit: 25 Minuten
Haltbarkeit: kühl und dunkel gestellt 3–4 Monate

ZUTATEN FÜR 4 GLÄSER JE ETWA 200 ML

660 ml Sanddorn-Direktsaft (100 %, aus der Flasche)
90 ml Orangensaft (Handelsware)
1 Beutel Gelfix Extra 2:1 (25 g)
400 g Zucker

INSGESAMT:

E: 7 g, F: 16 g, Kh: 432 g, kcal: 1937

1. Sanddorn-Direktsaft und Orangensaft in einen großen Kochtopf geben. Gelfix Extra mit Zucker mischen und mit dem Saft gut verrühren.

2. Die Zutaten unter Rühren bei starker Hitze zum Kochen bringen und unter ständigem Rühren mindestens 3 Minuten sprudelnd kochen lassen. Den Topf von der Kochstelle nehmen.

3. Das Kochgut evtl. abschäumen und sofort randvoll in vorbereitete Gläser füllen. Gläser mit Twist-off-Deckeln® verschließen, umdrehen und etwa 5 Minuten auf den Deckeln stehen lassen.

TIPP:

Sanddorn-Direktsaft bekommen Sie in Bio-Läden oder -abteilungen.

SAUERKIRSCH-ARONIA-KONFITÜRE

Zubereitungszeit: 25 Minuten
Haltbarkeit: kühl und dunkel gestellt 8–10 Monate

ZUTATEN FÜR 3 GLÄSER JE ETWA 400 ML

750 g aufgetaute TK-Sauerkirschen oder frische, entsteinte Sauerkirschen (von etwa 850 g Sauerkirschen)
250 ml Aronia-Muttersaft (direkt gepresst, z. B. aus dem Reformhaus)
2 große Stängel Zitronengras
1 Beutel Gelfix Extra 2:1 (25 g), 500 g Zucker

INSGESAMT:

E: 7 g, F: 4 g, Kh: 619 g, kcal: 2618

1. Die Kirschen in kleine Stücke schneiden, in einen großen Topf geben und den Aroniasaft hinzugießen. Vom Zitronengras die äußeren Hüllen ablösen, die Stiele leicht platt klopfen und mit in den Topf geben.

2. Gelfix und Zucker gründlich vermischen, zu den Kirschen geben und alle Zutaten verrühren.

3. Die Zutaten unter Rühren bei starker Hitze zum Kochen bringen und unter ständigem Rühren mindestens 3 Minuten sprudelnd kochen lassen. Den Kochtopf von der Kochstelle nehmen. Die Zitronengrasstängel entfernen.

4. Das Kochgut evtl. abschäumen, sofort randvoll in vorbereitete Gläser füllen. Die Gläser mit Twist-off-Deckel® verschließen, umdrehen und etwa 5 Minuten auf den Deckeln stehen lassen.

TIPP:

Die Aroniabeere ist auch unter der Bezeichnung Apfelbeere bekannt.

SAUERKIRSCHGELEE MIT GRÜNEM PFEFFER

Zubereitungszeit: 15 Minuten
Haltbarkeit: kühl und dunkel gestellt
3–4 Monate

ZUTATEN FÜR 5 GLÄSER JE ETWA 200 ML

1–2 TL eingelegter, grüner Pfeffer
750 ml Apfel-Kirsch-Saft
(ungesüßt, Handelsware)
400 g Zucker
1 Beutel Gelfix Extra 2:1 (25 g)

INSGESAMT:

E: 2 g, F: 2 g, Kh: 502 g, kcal: 2069

1. Die Pfefferkörner in einem Sieb unter fließendem kalten Wasser abspülen, abtropfen lassen und klein schneiden.

2. Saft in einen großen Kochtopf geben. Zucker mit Gelfix Extra mischen und unter den Saft rühren.

3. Die Zutaten unter Rühren bei starker Hitze zum Kochen bringen und unter ständigem Rühren mindestens 3 Minuten sprudelnd kochen lassen. Den Topf von der Kochstelle nehmen.

4. Das Kochgut evtl. abschäumen, Pfefferstückchen unterrühren. Das Kochgut sofort randvoll in vorbereitete Gläser füllen. Die Gläser mit Twist-off-Deckeln® verschließen, umdrehen und etwa 5 Minuten auf den Deckeln stehen lassen.

5. Die Gläser während des Erkaltens gelegentlich umdrehen, damit sich die Pfefferstückchen gleichmäßig verteilen.

TIPPS:

Das Sauerkirschgelee schmeckt gut zu Frischkäse oder leicht erwärmt als Sauce zu warmem Schokoladenkuchen.
Anstelle des grünen Pfeffers können Sie sehr gut Senfkörner verwenden. Dann schmeckt das Sauerkirschgelee besonders gut zu Wild und Sauerbraten.

SAUERKIRSCHKONFITÜRE

Zubereitungszeit: 90 Minuten,
ohne Entsaftungszeit
Haltbarkeit: kühl und dunkel gestellt
etwa 1 Jahr

ZUTATEN FÜR 7 GLÄSER JE ETWA 200 ML

600 ml Sauerkirschsaft (ungesüßt, von etwa 1,6 kg entsteinten Sauerkirschen)
400 g Sauerkirschen (vorbereitet gewogen)
1 Pck. Zitronensäure (5 g)
1 Beutel Gelfix Classic 1:1 (20 g)
1150 g Zucker

INSGESAMT:

E: 5 g, F: 5 g, Kh: 1264 g, kcal: 5208

1. Die Kirschen zum Entsaften abspülen, abtropfen lassen, entstielen, halbieren, entsteinen und mithilfe eines Schnellkochtopfes oder Dampfentsafters entsaften (bitte Gebrauchsanleitung des Geräteherstellers beachten), 600 ml abmessen.

2. Die restlichen Kirschen abspülen, abtropfen lassen, entstielen, halbieren, entsteinen und 400 g abwiegen.

3. Sauerkirschsaft, Kirschhälften und Zitronensäure in einen großen Kochtopf geben. Gelfix Classic zuerst mit 2 Esslöffeln der abgewogenen Zuckermenge mischen, dann mit der Kirschmasse gut verrühren.

4. Die Zutaten unter Rühren bei starker Hitze zum Kochen bringen. Sobald alles bei ständigem Rühren sprudelnd kocht, restlichen Zucker hinzufügen.

5. Alles unter Rühren wieder zum Kochen bringen und unter ständigem Rühren mindestens 3 Minuten sprudelnd kochen lassen. Den Topf von der Kochstelle nehmen.

6. Das Kochgut evtl. abschäumen und sofort randvoll in vorbereitete Gläser füllen.

7. Die Gläser mit Twist-off-Deckeln® verschließen, umdrehen und etwa 5 Minuten auf den Deckeln stehen lassen.

REZEPTVARIANTE 1:

Für **Sauerkirsch-Vanille-Konfitüre** 1 Päckchen Bourbon-Vanille-Aroma mit Saft, Kirschen und Zitronensäure in den Kochtopf geben.

REZEPTVARIANTE 2:

Für **Sauerkirsch-Amaretto-Konfitüre** 50 ml Amaretto nach dem Kochen unter die Konfitüre rühren.

SENFFRÜCHTE

Zubereitungszeit: 50 Minuten
Durchziehzeit: 2–3 Tage
Haltbarkeit: gekühlt 6–8 Wochen

ZUTATEN FÜR 2 GLÄSER JE ETWA 500 ML

500 g Birnen
500 g grüne kernlose Weintrauben
500 g Aprikosen
500 g Pflaumen

FÜR DIE ESSIG-ZUCKER-LÖSUNG:

200 ml Weißweinessig
200 ml Wasser
750 g Zucker
1 Dose Senfmehl (56 g)

INSGESAMT:

E: 26 g, F: 7 g, Kh: 978 g, kcal: 4168

1. Birnen schälen, vierteln und entkernen. Birnenviertel quer halbieren. Weintrauben waschen, abtropfen lassen, entstielen und halbieren. Aprikosen und Pflaumen waschen, abtropfen lassen, halbieren und entsteinen.

2. Für die Essig-Zucker-Lösung Essig, Wasser und Zucker in einem Topf zum Kochen bringen. Das vorbereitete Obst darin nacheinander bei schwacher Hitze glasig kochen. Das Obst jeweils mit einer Schaumkelle herausnehmen und in eine Schüssel geben. Das gegarte Obst vorsichtig vermengen und in vorbereitete Gläser füllen.

3. Den Sud mit Senfmehl verrühren, zum Kochen bringen und etwa 10 Minuten etwas einkochen lassen. Den heißen Sud auf dem Obst verteilen. Gläser sofort mit Twist-off-Deckeln® verschließen, umdrehen und etwa 5 Minuten auf den Deckeln stehen lassen. Senffrüchte 2–3 Tage vor dem Verzehr durchziehen lassen. Angebrochene Gläser schnell verbrauchen

Stachelbeer
Konfitüre

STACHELBEERKONFITÜRE

- Zubereitungszeit: 50 Minuten
  Haltbarkeit: kühl und dunkel gestellt
  3–4 Monate
- ▲ Mit Alkohol

ZUTATEN FÜR 7 GLÄSER JE ETWA 200 ML

1 kg reife Stachelbeeren (vorbereitet gewogen)
20 g Gelfix Classic 1:1
1150 g Zucker
4 EL Wodka oder Marillengeist

INSGESAMT:

E: 8 g, F: 2 g, Kh: 1230 g, kcal: 5192

1. Stachelbeeren abspülen, gut abtropfen lassen, Stiel- und Blütenanstätze entfernen. Stachelbeeren mit einem Pürierstab pürieren und 1 kg abwiegen.

2. Stachelbeerpüree in einen großen Kochtopf geben. Gelfix Classic zuerst mit 2 Esslöffeln der abgewogenen Zuckermenge mischen, dann mit dem Stachelbeerpüree gut verrühren.

3. Die Zutaten unter Rühren bei starker Hitze zum Kochen bringen. Sobald alles bei ständigem Rühren sprudelnd kocht, restlichen Zucker hinzufügen. Alles unter Rühren wieder zum Kochen bringen und mindestens 3 Minuten unter ständigem Rühren sprudelnd kochen lassen. Topf von der Kochstelle nehmen. Wodka oder Marillengeist unterrühren.

4. Kochgut evtl. abschäumen und sofort randvoll in vorbereitete Gläser füllen. Gläser mit Twist-off-Deckeln® verschließen, umdrehen und etwa 5 Minuten auf den Deckeln stehen lassen.

TIPP:

Für eine alkoholfreie Variante den Wodka oder Marillengeist einfach weglassen.

REZEPTVARIANTE:

Für eine **Stachelbeer-Pfirsich-Konfitüre** 500 g Stachelbeeren (vorbereitet gewogen) von den Blütenansätzen und Stielen befreien. Stachelbeeren abspülen, gut abtropfen lassen, in kleine Stücke schneiden. 500 g gelbe Pfirsiche (vorbereitet gewogen) abspülen, abtropfen lassen, kurz in kochendes Wasser legen, herausnehmen und in kaltem Wasser abschrecken. Pfirsiche enthäuten, halbieren, entsteinen und in kleine Stücke schneiden. Die vorbereiteten Früchte in einen großen Kochtopf geben. 250 g Zucker oder Fruchtzucker mit 1 Beutel Gelfix Super 3:1 (25 g) mischen, dann mit der Fruchtmasse gut verrühren. Die Zutaten unter Rühren bei starker Hitze zum Kochen bringen und unter ständigem Rühren mindestens 3 Minuten sprudelnd kochen lassen. Den Topf von der Kochstelle nehmen. Das Kochgut evtl. abschäumen und sofort randvoll in vorbereitete Gläser füllen. Die Gläser mit Twist-off-Deckeln® verschließen, umdrehen und etwa 5 Minuten auf den Deckeln stehen lassen. Kühl und dunkel gestellt hält sich die Konfitüre 3–4 Monate.

SÜSSKIRSCHKONFITÜRE

Zubereitungszeit: 40 Minuten
Haltbarkeit: kühl und dunkel gestellt etwa 1 Jahr

ZUTATEN FÜR 7 GLÄSER JE ETWA 200 ML

1 kg Süßkirschen (vorbereitet gewogen)
1 Beutel Gelfix Classic 1:1 (20 g)
1150 g Zucker
3 EL Zitronensaft

INSGESAMT:

E: 9 g, F: 3 g, Kh: 1287 g, kcal: 5253

1. Die Kirschen abspülen, gut abtropfen lassen, entstielen, halbieren, entsteinen und 1 kg abwiegen. Die Kirschen evtl. zerkleinern und in einen großen Kochtopf geben.

2. Gelfix Classic zuerst mit 2 Esslöffeln der abgewogenen Zuckermenge mischen, dann mit der Kirschmasse gut verrühren.

3. Die Zutaten unter Rühren bei starker Hitze zum Kochen bringen. Sobald alles bei ständigem Rühren sprudelnd kocht, restlichen Zucker hinzufügen.

4. Alles unter Rühren wieder zum Kochen bringen und unter ständigem Rühren mindestens 3 Minuten sprudelnd kochen lassen. Den Topf von der Kochstelle nehmen. Zitronensaft unterrühren.

5. Das Kochgut evtl. abschäumen und sofort randvoll in vorbereitete Gläser füllen. Gläser mit Twist-off-Deckeln® verschließen, umdrehen und etwa 5 Minuten auf den Deckeln stehen lassen.

TIPP:

Für Erwachsene zusätzlich 3–4 Esslöffel Rum oder Kirschwasser unter die fertig gekochte Konfitüre rühren.

REZEPTVARIANTE:

Für **Süßkirschkonfitüre mit Johannisbeerlikör (Cassis)** 900 g Süßkirschen (vorbereitet gewogen) wie oben beschrieben vorbereiten und in einen großen Kochtopf geben. 100 ml schwarzen Johannisbeerlikör (Cassis) und 3 Esslöffel Zitronensaft hinzufügen. 1 Beutel Gelfix Classic 1:1 (20 g) zuerst mit 2 Esslöffeln Zucker mischen, dann mit der Kirschmasse gut verrühren. Das Kochgut unter Rühren bei starker Hitze zum Kochen bringen. Sobald alles bei ständigem Rühren sprudelnd kocht, 1130 g Zucker hinzufügen. Alles unter Rühren wieder zum Kochen bringen und unter ständigem Rühren mindestens 3 Minuten sprudelnd kochen lassen. Danach Topf von der Kochstelle nehmen. Das Kochgut eventuell abschäumen und sofort randvoll in 7 vorbereitete Gläser (je 200 ml) füllen. Gläser mit Twist-off-Deckeln® verschließen, umdrehen und etwa 5 Minuten auf den Deckeln stehen lassen. Kühl und dunkel gestellt hält sich die Konfitüre etwa 1 Jahr.

TOMATEN, EINGELEGT

Zubereitungszeit: 30 Minuten
Durchziehzeit: mindestens 3 Tage
Haltbarkeit: kühl und dunkel gestellt
2–3 Monate

ZUTATEN FÜR 2 GLÄSER JE ETWA 750 ML

1 kg reife Cocktailtomaten
4 Schalotten oder kleine weiße Zwiebeln
2 Knoblauchzehen

FÜR DIE ESSIGLÖSUNG:

1 Dolde Dill
500 ml Weißweinessig
125 ml Wasser
10 g Salz
10 g Zucker
2 Wacholderbeeren
1 Gewürznelke
10 g weiße und schwarze Pfefferkörner
10 g Senfkörner
1 Pck. Einmach-Hilfe

INSGESAMT:

E: 17 g, F: 6 g, Kh: 52 g, kcal: 425

1. Die Tomaten waschen, abtrocknen und vorsichtig die Stängelansätze herausschneiden. Jede Tomate 2–3-mal mit einem Holzspießchen einstechen.

2. Schalotten oder Zwiebeln und Knoblauch abziehen und mit den Tomaten in vorbereitete Gläser füllen.

3. Für die Essiglösung den Dill abspülen und trocken tupfen. Essig, Wasser, Salz, Zucker, Wacholderbeeren, Gewürznelke, Pfefferkörner, Senfkörner und Dill in einem Topf zum Kochen bringen, kurz aufkochen lassen. Den Topf von der Kochstelle nehmen. Einmach-Hilfe unterrühren.

4. Die Tomaten mit der Essiglösung übergießen, sodass sie gut bedeckt sind. Die Gläser sofort mit Twist-off-Deckeln® verschließen, umdrehen und etwa 5 Minuten auf den Deckeln stehen lassen. Die Tomaten mindestens 3 Tage durchziehen lassen.

TOMATEN IN ESSIG

Zubereitungszeit: 30 Minuten
Haltbarkeit: kühl und dunkel gestellt etwa 3 Wochen

ZUTATEN FÜR 4–5 GLÄSER JE ETWA 500 ML

2 kg kleine reife feste Tomaten

FÜR DIE ESSIGLÖSUNG:

4 Schalotten oder kleine Zwiebeln
1 l Weißweinessig
250 ml Wasser
20 g Salz
20 g Zucker
2 Gewürznelken
20 g Pfefferkörner
20 g Senfkörner
1 Pck. Einmach-Hilfe

INSGESAMT:

E: 32 g, F: 8 g, Kh: 120 g, kcal: 968

1. Tomaten gründlich waschen und abtrocknen. Die Tomaten anschließend jeweils 15–20-mal mit einem Holzstäbchen einstechen und danach in vorbereitete Gläser füllen.

2. Für die Essiglösung Schalotten oder Zwiebeln abziehen, zuerst in Scheiben schneiden, dann in Ringe teilen.

3. Essig, Wasser, Salz, Zucker, Gewürznelken, Pfefferkörner, Senfkörner und Schalotten- oder Zwiebelringe in einem Topf zum Kochen bringen. Den Topf von der Kochstelle nehmen. Einmach-Hilfe unterrühren.

4. Die Essiglösung über die Tomaten gießen. Die Gläser mit Twist-off-Deckeln® verschließen.

TOMATENGELEE MIT BASILIKUM

Zubereitungszeit: 30 Minuten
Haltbarkeit: kühl und dunkel gestellt 3–4 Monate

ZUTATEN FÜR 7 GLÄSER JE ETWA 200 ML

1 Topf Basilikum
900 ml Tomatensaft
500 g Extra Gelierzucker 2:1
2 geh. TL Salz
gem. Pfeffer
einige Spritzer Tabascosauce
etwa 6 EL Balsamico-Essig

INSGESAMT:

E: 7 g, F: 1 g, Kh: 533 g, kcal: 2192

1. Basilikum abspülen, gut abtropfen lassen und die Blättchen von den Stängeln zupfen. Die Blättchen in feine Streifen schneiden. Tomatensaft in einen großen Kochtopf geben. Extra Gelierzucker hinzugeben und gut verrühren.

2. Die Zutaten unter Rühren bei starker Hitze zum Kochen bringen und unter ständigem Rühren mindestens 3 Minuten sprudelnd kochen lassen, mit Salz, Pfeffer, Tabasco und Essig abschmecken. Basilikum unterrühren. Den Kochtopf von der Kochstelle nehmen.

3. Das Kochgut evtl. abschäumen, sofort randvoll in vorbereitete Gläser füllen. Die Gläser mit Twist-off-Deckeln® verschließen, umdrehen und etwa 5 Minuten auf den Deckeln stehen lassen. Die Gläser während des Erkaltens öfter drehen, damit sich das Basilikum besser verteilt.

TOMATENKETCHUP

Zubereitungszeit: 10 Minuten
Haltbarkeit: im Kühlschrank etwa 2–3 Wochen.

ZUTATEN FÜR 4 GLÄSER JE ETWA 200 ML

400 g passierte Tomaten (aus der Dose)
200 g Tomatenmark (3-fach konzentriert)
60 g Balsamico-, Kräuter oder Apfelessig
1 gestr. TL mildes Currypulver
1 gestr. TL Paprikapulver, edelsüß
1 Prise Zimt
1 TL Salz
2 TL flüssiger Honig oder Agavendicksaft
2 TL Sonnenblumenöl

INSGESAMT:

E: 5 g, F: 26 g, Kh: 69 g, kcal: 2279

1. Alle Zutaten in eine Schüssel geben und gründlich mit einem Schneebesen verrühren. Alternativ alles in einem hohen Mixbecher mit einem Pürierstab durchmixen.

2. Den fertigen Ketchup in saubere Gläser mit Schraubverschluss füllen und fest verschlossen in den Kühlschrank stellen.

REZEPTVARIANTE:

Für einen **Tomaten-Paprika-Ketchup** 8 mittelgroße Zwiebeln abziehen. Die Zwiebeln, 1 kg vorbereitete Fleischtomaten, 100 g Knollensellerie und je 250 g rote und grüne Paprikaschoten in Stücke schneiden, mit 100 g braunem Zucker, 1 gestrichenen Esslöffel Salz, 1 Teelöffel Paprikapulver edelsüß, 1 Teelöffel Cayennepfeffer, 1 Teelöffel gemahlenem schwarzen Pfeffer und 125 ml Weißweinessig in einem Topf zum Kochen bringen und zugedeckt etwa 45 Minuten dünsten. Die Gemüsemasse anschließend durch ein Sieb streichen. Die Gemüsemasse nochmals so lange kochen lassen, bis eine dickliche Masse entstanden ist. Ketchup mit den Gewürzen abschmecken. 1 Päckchen Einmach-Hilfe unterrühren. Ketchup sofort randvoll in 4 vorbereitete Gläser (etwa 200 ml) füllen. Gläser mit Twist-off-Deckeln® verschließen, umdrehen und etwa 5 Minuten auf den Deckeln stehen lassen. Gekühlt und dunkel gestellt hält sich der Ketchup etwa 6 Monate.

TOMATENMARK

Zubereitungszeit: 70 Minuten
Einkochzeit: etwa 30 Minuten
Haltbarkeit: kühl und dunkel gestellt
etwa 12 Monate

ZUTATEN FÜR 4–5 GLÄSER JE ETWA 500 ML

etwa 5 kg reife Tomaten

INSGESAMT:

E: 48 g, F: 10 g, Kh: 133 g, kcal: 900

1. Die Tomaten abspülen, abtrocknen, halbieren und die Stängelansätze herausschneiden. Die Tomaten in kleine Stücke schneiden, dabei den austretenden Tomatensaft auffangen. Beides in einen großen Topf geben und die Tomatenstücke mit einem Kartoffelstampfer oder einer Gabel etwas zerdrücken.

2. Tomatenmasse unter Rühren in einem großen Topf zum Kochen bringen und unter gelegentlichem Rühren etwas einkochen lassen. Den Topf von der Kochstelle nehmen.

3. Tomatenmasse durch ein Sieb in einen Topf oder eine Schüssel streichen (am besten mit dem Passierstab des Mixers oder mit einem Löffel). Das Tomatenmark in vorbereitete Gläser füllen. Jeweils Gummiring oder Deckel nass auf den gesäuberten Glasrand legen und mit Klammern verschließen. Oder Gläser mit Twist-off-Deckeln® verschließen.

4. Die Gläser auf einen Auflagenrost in den Einkochtopf stellen. So viel heißes Wasser hinzugießen, dass die Gläser zu 3 Vierteln im Wasser stehen.

5. Den Topf verschließen. Tomatenmark etwa 30 Minuten bei etwa 90 °C einkochen.

TIPPS:

Gutes Gelingen beim Einkochen hängt ab von der Verwendung einwandfreier Zutaten und Sauberkeit bei der Zubereitung.
Tomatenmark ist Grundlage für selbst gemachte Tomatensuppen oder -saucen.

VIERFRUCHTKONFITÜRE

Zubereitungszeit: 45 Minuten
Haltbarkeit: kühl und dunkel gestellt etwa 1 Jahr

ZUTATEN FÜR 5 GLÄSER JE ETWA 200 ML

250 g Erdbeeren (vorbereitet gewogen)
250 g Johannisbeeren (vorbereitet gewogen)
250 g Himbeeren (vorbereitet gewogen)
250 g Stachelbeeren (vorbereitet gewogen)
500 g Extra Gelierzucker 2:1

INSGESAMT:

E: 10 g, F: 3 g, Kh: 555 g, kcal: 2348

1. Erdbeeren putzen, waschen, abtropfen lassen, entstielen und in kleine Stücke schneiden. Die Johannisbeeren waschen und abtropfen lassen. Die Beeren von den Rispen streifen. Himbeeren verlesen, eventuell abspülen und trocken tupfen. Von den Stachelbeeren die Stiele und Blütenansätze entfernen. Die Stachelbeeren waschen, abtropfen lassen und halbieren. Von den vorbereiteten Früchten jeweils 250 g abwiegen.

2. Die Früchte mit Extra Gelierzucker in einem großen Kochtopf gut verrühren. Alles unter Rühren bei starker Hitze zum Kochen bringen und unter ständigem Rühren mindestens 3 Minuten sprudelnd kochen lassen. Topf von der Kochstelle nehmen.

3. Kochgut eventuell abschäumen und sofort randvoll in vorbereitete Gläser füllen.

4. Die Gläser mit Twist-off-Deckeln® verschließen, umdrehen und etwa 5 Minuten auf den Deckeln stehen lassen.

TIPP:

Sie können die Konfitüre statt mit Extra Gelierzucker auch mit Gelfix Extra 2:1 und 500 g Zucker oder Gelfix Super 3:1 und 350 g Zucker zubereiten. Bitte beachten Sie jeweils die Packungsanleitung.

VIERFRUCHTKONFITÜRE, WÜRZIG

Zubereitungszeit: 45 Minuten
Haltbarkeit: kühl und dunkel gestellt 3–4 Monate

ZUTATEN FÜR 5 GLÄSER JE ETWA 200 ML

250 g frische Cranberrys (vorbereitet gewogen)
250 g Äpfel (vorbereitet gewogen)
250 g reife Birnen (vorbereitet gewogen)
250 g Pflaumen (vorbereitet gewogen)
je 1 Msp. gem. Zimt, Nelken und Piment
abger. Schale von 1 Bio-Zitrone (unbehandelt, ungewachst)
2 EL Zitronensaft
1 Beutel Gelfix Extra 2:1 (25 g)
500 g Zucker

INSGESAMT:

E: 5 g, F: 2 g, Kh: 643 g, kcal: 2616

1. Cranberrys abspülen, gut abtropfen lassen, halbieren und 250 g abwiegen. Äpfel schälen, vierteln, entkernen, in kleine Stücke schneiden und 250 g abwiegen. Birnen schälen, vierteln, entkernen, in kleine Stücke schneiden und 250 g abwiegen. Pflaumen gut abspülen, gut abtropfen lassen, halbieren, entsteinen, in kleine Stücke schneiden und 250 g abwiegen.

2. Vorbereitete Früchte mit den Gewürzen, Zitronenschale und -saft in einen großen Kochtopf geben. Gelfix Extra mit Zucker mischen und mit der Fruchtmasse gut verrühren.

3. Die Zutaten unter Rühren bei starker Hitze zum Kochen bringen und unter ständigem Rühren mindestens 3 Minuten sprudelnd kochen lassen. Den Topf von der Kochstelle nehmen.

4. Das Kochgut evtl. abschäumen und sofort randvoll in vorbereitete Gläser füllen. Gläser mit Twist-off-Deckeln® verschließen, umdrehen und etwa 5 Minuten auf den Deckeln stehen lassen.

WEINBERGPFIRSICH-KONFITÜRE MIT TRAUBEN

Zubereitungszeit: 50 Minuten
Haltbarkeit: kühl und dunkel gestellt etwa 1 Jahr
▲ Mit Alkohol

ZUTATEN FÜR 5 GLÄSER JE ETWA 200 ML

700 g Weinbergpfirsiche (vorbereitet gewogen)
100 ml trockener Weißwein, z. B. Riesling
1 Pck. Geriebene Zitronenschale
200 g blaue Weintrauben (vorbereitet gewogen)
350 g Zucker
1 Beutel Gelfix Super 3:1 (25 g)

INSGESAMT:

E: 7 g, F: 1 g, Kh: 465 g, kcal: 1997

1. Die Pfirsiche abspülen, abtropfen lassen und an der Unterseite kreuzweise einschneiden. Pfirsiche kurz in kochendes Wasser legen, herausnehmen und mit kaltem Wasser abschrecken. Die Haut abziehen. Pfirsiche halbieren und entsteinen. 700 g Fruchtfleisch abwiegen und in etwa 1 cm große Würfel schneiden.

2. Pfirsichwürfel mit Wein und Zitronenschale in einem großen Kochtopf verrühren. Weintrauben gut abspülen, trocken tupfen, halbieren und entkernen (sehr große Weintrauben vierteln). Die Weintraubenhälften zu den Pfirsichwürfeln in den Kochtopf geben. Abgewogene Zuckermenge mit Gelfix Super mischen und gut unter die Fruchtmasse rühren.

3. Die Zutaten unter Rühren bei starker Hitze zum Kochen bringen und unter ständigem Rühren mindestens 3 Minuten sprudelnd kochen lassen. Den Topf von der Kochstelle nehmen.

4. Das Kochgut evtl. abschäumen und sofort randvoll in vorbereitete Gläser füllen. Die Gläser mit Twist-off-Deckeln® verschließen, umdrehen und etwa 5 Minuten auf den Deckeln stehen lassen. Gläser während des Erkaltens gelegentlich umdrehen, damit sich die Weintrauben besser verteilen.

TIPP:

Die Konfitüre schmeckt gut zu Milchreis und eignet sich als Füllung für Biskuittorten oder -rollen.

WEINBERGPFIRSICH-KONFITÜRE MIT ZITRONENMELISSE

● Zubereitungszeit: 40 Minuten
Haltbarkeit: kühl und dunkel gestellt etwa 1 Jahr
▲ Mit Alkohol

ZUTATEN FÜR 7 GLÄSER JE ETWA 200 ML

1 ¼ kg Weinbergpfirsiche (vorbereitet gewogen)
250 ml Weißwein, z. B. Riesling
500 g Super Gelierzucker 3:1
1 Pck. Zitronensäure (5 g)
1 EL Zitronenmelisseblättchen, in Streifen geschnitten

INSGESAMT:

E: 10 g, F: 1 g, Kh: 598 g, kcal: 2664

1. Die Pfirsiche abspülen und abtropfen lassen. Zwei Drittel der Pfirsiche an der Unterseite kreuzweise einschneiden. Die Pfirsiche kurz in kochendes Wasser legen, herausnehmen und mit kaltem Wasser abschrecken. Die Haut abziehen. Alle Pfirsiche halbieren und entsteinen. 1 ¼ kg Fruchtfleisch abwiegen und klein schneiden.

2. Die Pfirsichstücke und Weißwein in einen großen Kochtopf geben, mit Super Gelierzucker und Zitronensäure gut verrühren.

3. Zutaten unter Rühren bei starker Hitze zum Kochen bringen und unter ständigem Rühren etwa 2 Minuten sprudelnd kochen lassen. Die Zitronenmelissestreifen hinzufügen und noch 1 Minute unter Rühren sprudelnd kochen lassen. Den Topf von der Kochstelle nehmen.

4. Das Kochgut evtl. abschäumen und sofort randvoll in vorbereitete Gläser füllen. Die Gläser mit Twist-off-Deckeln® verschließen, umdrehen und etwa 5 Minuten auf den Deckeln stehen lassen. Gläser während des Erkaltens gelegentlich umdrehen, damit sich die Zitronenmelissestreifen besser verteilen.

TIPP:

Statt Zitronenmelisse Pfefferminze nehmen.

WEINTRAUBENGELEE MIT DUFTROSEN

- Zubereitungszeit: 60 Minuten, ohne Abkühl- und Abtropfzeit
  Garzeit: etwa 10 Minuten
  Haltbarkeit: kühl und dunkel gestellt 3–4 Monate
- ▲ Mit Alkohol

ZUTATEN FÜR 6 GLÄSER JE ETWA 200 ML

1 ½ kg Weintrauben, z. B. Muskattraube
250 ml Weißwein, z. B. Riesling
2–3 Duftrosen, z. B. Augusta Luise oder Sutters Gold (ungespritzt, beim Blumenhändler bestellen oder aus dem eigenen Garten)
100 g Weintrauben (vorbereitet gewogen)
50 ml Weißwein, z. B. Riesling
500 g Super Gelierzucker 3:1
1 Pck. Zitronensäure (5 g)

INSGESAMT:

E: 7 g, F: 2 g, Kh: 642 g, kcal: 2911

1. Weintrauben abspülen, abtropfen lassen und entstielen. Weintrauben mit Weißwein in einen Kochtopf geben, zum Kochen bringen, etwa 10 Minuten kochen und erkalten lassen.

2. Ein großes Küchensieb mit einem feuchten Geschirrtuch (Mulltuch) auslegen. Weintrauben und Saft hineingeben, abtropfen lassen, den Saft auffangen.

3. Anschließend die Weintrauben mithilfe des Tuches ausdrücken und den Saft auffangen. 1100 ml Saft abmessen und abkühlen lassen.

4. Die Duftrosen in Blütenblätter zerteilen, abspülen und auf Küchenpapier gut abtropfen lassen. Die Weintrauben abspülen, gut abtropfen lassen, halbieren, entkernen und 100 g abwiegen.

5. Weintraubensaft und Weißwein in einen großen Kochtopf geben, mit Super Gelierzucker und Zitronensäure gut verrühren. Alles unter Rühren bei starker Hitze zum Kochen bringen und unter ständigem Rühren mindestens 2 Minuten sprudelnd kochen lassen. Weintraubenhälften hinzufügen und nochmals 1 Minute unter ständigem Rühren sprudelnd kochen lassen. Den Topf von der Kochstelle nehmen. Das Kochgut evtl. abschäumen.

6. Jeweils 4–5 Rosenblätter in die vorbereiteten Gläser geben. Das Kochgut sofort randvoll in die Gläser füllen und dabei darauf achten, dass in jedem Glas 4–5 Weintraubenhälften sind. Gläser mit Twist-off-Deckeln® verschließen, umdrehen und etwa 5 Minuten auf den Deckeln stehen lassen.

7. Gläser während des Erkaltens gelegentlich umdrehen, damit sich die Weintraubenhälften und die Rosenblätter besser verteilen.

WEINTRAUBEN-KIWI-KONFITÜRE

Zubereitungszeit: 40 Minuten
Haltbarkeit: kühl und dunkel gestellt 3–4 Monate

ZUTATEN FÜR 5 GLÄSER JE ETWA 200 ML

500 g kernlose grüne Weintrauben (vorbereitet gewogen)
500 g Kiwi-Fruchtfleisch (von 7–8 Kiwis, vorbereitet gewogen)
1 Beutel Gelfix Extra 2:1 (25 g)
500 g Zucker
1 Pck. Zitronensäure (5 g)

INSGESAMT:

E: 8 g, F: 5 g, Kh: 637 g, kcal: 2708

1. Weintrauben abspülen, gut abtropfen lassen, entstielen, halbieren, in dünne Scheiben schneiden und 500 g abwiegen. Die Kiwis dünn schälen, zunächst der Länge nach in sechs Spalten schneiden, dann in dünne Scheiben schneiden. Von den Kiwischeiben 500 g abwiegen.

2. Die vorbereiteten Früchte in einen großen Kochtopf geben. Gelfix Extra mit Zucker und Zitronensäure mischen, zu den Früchten in den Topf geben und gut verrühren.

3. Die Zutaten unter Rühren bei starker Hitze zum Kochen bringen und unter ständigem Rühren mindestens 3 Minuten sprudelnd kochen lassen. Den Topf von der Kochstelle nehmen.

4. Das Kochgut evtl. abschäumen und sofort randvoll in vorbereitete Gläser füllen.

5. Die Gläser mit Twist-off-Deckeln® verschließen, umdrehen und etwa 5 Minuten auf den Deckeln stehen lassen.

ZITRONENGELEE MIT SCHALE

Zubereitungszeit: 35 Minuten
Haltbarkeit: kühl und dunkel gestellt etwa 1 Jahr

ZUTATEN FÜR 6 GLÄSER JE ETWA 200 ML

30 g Zitronenschale (von 2–3 Bio-Zitronen [unbehandelt, ungewachst], vorbereitet gewogen)
850 ml Zitronensaft (von etwa 18 Zitronen)
1 Beutel Gelfix Classic 1:1 (20 g)
1 kg Zucker

INSGESAMT:

E: 4 g, F: 1 g, Kh: 1030 g, kcal: 4296

1. Bio-Zitronen heiß abwaschen, abtrocknen und die Schale mit einem Zestenreißer abziehen. Oder die Zitronen dünn schälen und die Schale in sehr feine Streifen schneiden. Von den Zitronenschalenstreifen 30 g abwiegen. Die Zitronen halbieren, den Saft auspressen und 850 ml abmessen.

2. Zitronensaft und -schale in einen großen Kochtopf geben. Gelfix Classic zuerst mit 2 Esslöffeln der abgewogenen Zuckermenge mischen, dann mit dem Zitronensaft verrühren.

3. Die Zutaten unter Rühren bei starker Hitze zum Kochen bringen. Sobald alles bei ständigem Rühren sprudelnd kocht, restlichen Zucker hinzufügen. Alles unter Rühren wieder zum Kochen bringen und unter ständigem Rühren mindestens 3 Minuten sprudelnd kochen lassen. Den Topf von der Kochstelle nehmen.

4. Das Kochgut evtl. abschäumen und sofort randvoll in vorbereitete Gläser füllen.

5. Die Gläser mit Twist-off-Deckeln® verschließen, umdrehen und etwa 5 Minuten auf den Deckeln stehen lassen.

6. Die Gläser während des Erkaltens gelegentlich umdrehen, damit sich die Zitronenschale besser verteilt.

ZITRUS-KOKOS-MARMELADE

Zubereitungszeit: 30 Minuten
Haltbarkeit: kühl und dunkel gestellt etwa 1 Jahr

ZUTATEN FÜR 3 GLÄSER JE ETWA 400 ML

3 Sweeties (süße Grapefruit)
1 große Orange
150 ml Mandarinensaft (von etwa 3 Mandarinen)
100 ml Limettensaft (von etwa 4 Limetten)
400 ml ungesüßte Kokosmilch
500 g Extra Gelierzucker 2:1
1 Pck. Zitronensäure (5 g)

INSGESAMT:

E: 12 g, F: 71 g, Kh: 549 g, kcal: 2958

1. Sweeties und Orange so schälen, dass die weiße Haut vollständig entfernt wird. Sweeties und Orange filetieren, in Stücke schneiden und dabei den Saft auffangen. Insgesamt 350 g Sweetie- und Orangenfilets mit dem Saft abwiegen.

2. Abgewogene Sweetie- und Orangenfilets mit Mandarinen-, Limettensaft und Kokosmilch in einem großen Topf verrühren. Gelierzucker und Zitronensäure hinzugeben und gut unterrühren.

3. Zutaten unter Rühren bei starker Hitze zum Kochen bringen, unter ständigem Rühren mindestens 3 Minuten sprudelnd kochen lassen. Topf von der Kochstelle nehmen.

4. Das Kochgut evtl. abschäumen und sofort randvoll in vorbereitete Gläser füllen. Die Gläser mit Twist-off-Deckeln® verschließen, umdrehen und anschließend etwa 5 Minuten auf den Deckeln stehen lassen.

ZUCCHINI-TOMATEN-KONFITÜRE

Zubereitungszeit: 25 Minuten
Haltbarkeit: kühl und dunkel gestellt 2–3 Monate

ZUTATEN FÜR 6 GLÄSER JE ETWA 150 ML

1 gelbe Zucchini (etwa 225 g)
½ grüne Zucchini (etwa 120 g)
1 Fleischtomate (etwa 300 g)
1 große Zwiebel (etwa 120 g)
100 ml Möhrensaft
30 ml Zitronensaft (von 1 Zitrone)
250 g Super Gelierzucker 3:1

INSGESAMT:

E: 10 g, F: 2 g, Kh: 269 g, kcal: 1172

1. Zucchini abspülen, abtrocknen und die Enden abschneiden. Zucchini in sehr kleine Würfel schneiden. 200 g gelbe und 100 g grüne Zucchiniwürfel abwiegen. Die Tomate kreuzweise einschneiden und mit kochendem Wasser übergießen. Nach 1–2 Minuten herausnehmen und mit kaltem Wasser abschrecken. Tomate enthäuten, in kleine Würfel schneiden und 250 g abwiegen.

2. Die Zwiebel abziehen, halbieren und in sehr kleine Würfel schneiden. 100 g davon abwiegen.

3. Das Gemüse mit dem Möhren- und Zitronensaft in einen Kochtopf geben. Den Gelierzucker unterrühren. Danach die Zutaten unter Rühren bei starker Hitze zum Kochen bringen und unter ständigem Rühren mindestens 3 Minuten sprudelnd kochen lassen. Den Kochtopf von der Kochstelle nehmen.

4. Das Kochgut sofort randvoll in vorbereitete Gläser füllen. Gläser mit Twist-off-Deckeln® verschließen, umdrehen und etwa 5 Minuten auf den Deckeln stehen lassen.

TIPPS:

Die Konfitüre für die Zubereitung von Salatdressings oder als Brotaufstrich für dunkle, kernige Brotsorten verwenden.
Schmeckt auch toll zu geräuchertem oder gegrilltem Fisch.
Passt als pikante Beilage zu Roastbeef, Steaks oder würzigen Käsesorten (z. B. Blauschimmelkäse, Appenzeller oder Greyerzer).

REGISTER

AUFSTRICHE & CREMES

GELEES

KONFITÜREN

MARMELADEN

SIRUPE, LIMONADEN & SÄFTE

LIKÖRE

ESSIGE & ÖLE

SAUCEN & PESTOS

CHUTNEYS, CONFIT & RELISHES

EINGEMACHTES & EINGELEGTES

MIT ALKOHOL

SPEZIALITÄTEN

IMPRESSUM

HINTER JEDEM TOLLEN BUCH STECKT EIN STARKES TEAM

Projektleitung: *Karin Boonk*
Redaktion: *Annette Riesenberg*
Lektorat: *Susanne Noll, Hennef*
Rezeptentwicklung: *Olaf Brummel, Steinhagen*
Nährwertberechnungen: *Nutri Service, Hennef; Angelika Ilies, Langen*
Gestaltungskonzept: *seidldesign.com, Wolfgang Seidl, Stuttgart*
Satz, Layout und Titelgestaltung: *Büro 18, Friedberg/Bay.*
Herstellung: *Frank Jansen*
Producing: *Jan Russok*
Druck & Bindung: *optimal media GmbH, Röbel*

UNSER VERLAGSHAUS

Mit Standorten in München, Hamburg und Berlin zählt die Edel Verlagsgruppe zu den größten unabhängigen Buchanbietern Deutschlands. Zur Edel Verlagsgruppe gehört unter anderem ZS mit seinen Lizenzmarken Dr. Oetker Verlag, Kochen & Genießen und Phaidon by ZS.
Die Bücher und E-Books unter der Marke Dr. Oetker Verlag erscheinen als Lizenz in der Edel Verlagsgruppe GmbH
www.oetker-verlag.de
www.facebook.com/Dr.OetkerVerlag
www.instagram.com/Dr.OetkerVerlag

LIEBE LESERINNEN, LIEBE LESER,

seit 130 Jahren gibt es Dr. Oetker Bücher, viele davon sind seit Jahrzehnten im Programm. Mit jedem Buch, mit jeder Aktualisierung eines unserer Klassiker erfinden wir uns neu. Was bleibt, ist immer der Kern unserer Bücher: praktisch müssen sie sein und funktionieren muss alles. Gerne auch mal den einen oder anderen Kniff anbieten, den Sie vielleicht noch nicht kannten. Deshalb kommen Ihnen die Dr. Oetker Bücher so modern und frisch und doch so vertraut vor.
Viel Spaß und viel Erfolg wünschen wir Ihnen auch mit diesem Buch.
Ihre Dr. Oetker Verlagsredaktion

1. Auflage 2022

Kaiserstraße 14 b
D-80801 München
ISBN: 978-3-7670-1850-1

BILDNACHWEIS

Foodfotografie:
Studio Diercks Media GmbH (Silje Paul, Kai Boxhammer), Hamburg
Außer:
Walter Cimbal, Hamburg: S. 24, 37, 40, 56, 64, 80, 160, 163, 179, 185, 117
Kramp + Gölling, Reeßum-Platenhof: S. 5, 7, 15, 22, 27, 30, 43, 57, 58, 63, 69, 76, 83, 87, 95, 105, 107, 108, 118, 122, 124, 134, 146, 152, 158, 175, 192, 200
StockFood Studios / Andreas Hantschke: S. 199
Axel Struwe, Bielefeld: S. 12, 16, 18, 19, 21, 33, 41, 59, 78, 89, 96, 99, 106, 110, 126, 133, 164, 168, 195, 202